Charles Abbott

CULTURE SMART!
ITÁLIA

Tradução
Celso R. Paschoa

1ª edição

Rio de Janeiro-RJ / Campinas-SP, 2013

Editora: Raïssa Castro
Coordenadora Editorial: Ana Paula Gomes
Copidesque: Maria Lúcia A. Maier
Revisão: Tássia Carvalho
Projeto Gráfico: Bobby Birchall
Diagramação: André S. Tavares da Silva

Título original: *Culture Smart! Italy*

ISBN: 978-85-7686-249-9

Copyright © Kuperard, 2004
Todos os direitos reservados.

Culture Smart!® é marca registrada de Bravo Ltd.

Tradução © Verus Editora, 2013
Direitos reservados em língua portuguesa, no Brasil, por Verus Editora. Nenhuma parte desta obra pode ser reproduzida ou transmitida por qualquer forma e/ou quaisquer meios (eletrônico ou mecânico, incluindo fotocópia e gravação) ou arquivada em qualquer sistema ou banco de dados sem permissão escrita da editora.

Verus Editora Ltda.
Rua Benedicto Aristides Ribeiro, 55, Jd. Santa Genebra II, Campinas/SP, 13084-753
Fone/Fax: (19) 3249-0001 | www.veruseditora.com.br

Imagem da capa: © Travel Ink/Ron Badkin
Imagem da página 13 reproduzida com permissão de Liz Elmhirst.
Imagem da página 18: Fotolia.com © javarman
Imagem da página 36 reproduzida sob a licença Atribuição-Compartilhalgual 3.0 Alemanha do Creative Commons © Bundesarchiv, Bild 183-2007-1022-506/CC-BY-SA
Imagem da página 125 reproduzida sob a licença Atribuição-Compartilhalgual 3.0 Não Adaptada do Creative Commons © Louis Bafrance

CIP-BRASIL. CATALOGAÇÃO NA FONTE
SINDICATO NACIONAL DOS EDITORES DE LIVROS, RJ

A115c

Abbott, Charles, 1942-
  Culture Smart! Itália / Charles Abbott ; tradução Celso R. Paschoa. - 1. ed. -
Campinas, SP : Verus, 2013.
  il. ; 18 cm   (Culture Smart! ; 2)

  Tradução de: Culture Smart! Italy
  Inclui índice
  ISBN 978-85-7686-249-9

  1. Itália - Descrições e viagens - Guias. 2. Itália - Usos e costumes. I. Título. II. Série.

13-00417   CDD: 914.45
                                                                                   CDU: 913(450)

Revisado conforme o novo acordo ortográfico

Impressão e acabamento: Prol Editora Gráfica

Sobre o autor

Charles Abbott é orientador e palestrante intercultural na Universidade de Westminster, em Londres, e diretor do Instituto de Treinamento em Comunicação Internacional da International House, uma escola de idiomas com filiais em quatro cidades italianas.

Durante os últimos dez anos, ele trabalhou como consultor de empresas italianas em Milão, Roma, Gênova e Nápoles. Viajou extensivamente pela Itália, administrando treinamentos educacionais e em vendas, contribuindo com experiências pessoais e *insights* profissionais sobre o país e seu povo.

Agradecimentos

O autor agradece as contribuições de Hugh Shankland, professor de italiano da Universidade de Durham, e o trabalho de Barry Tomalin, consultor-chefe da CultureSmart! Consulting, na preparação deste livro.

Sumário

Mapa da Itália	7
Introdução	8
Dados importantes	10
Capítulo 1: NAÇÃO E POVO	12
• Geografia	12
• Clima e tempo	13
• População	15
• Regiões e cidades	16
• Uma breve história	21
• Itália pós-guerra	38
• Governo	41
• Política	41
• Vida econômica	42
Capítulo 2: VALORES E ATITUDES	44
• A família em primeiro lugar	44
• Sentimentos e emoções	45
• A Igreja	46
• Tolerância	47
• *Bella figura*	48
• Fala espalhafatosa	49
• Ordem e hierarquia	50
• *Garbo*	51
• Relacionamentos	52
• *Campanilismo* e a *piazza*	52
• Burocracia: o quarto estado	54
• Ser *furbo*	55
• Conclusão	56
Capítulo 3: FESTIVIDADES E TRADIÇÕES	58
• Celebrações durante o ano	60
• Férias anuais	63
• Feriados locais	64
• *Carnevale*	64
• O *Palio*	65
• Dias santos	66
• Santos	67
• Comportamento nas igrejas	67

- Superstição 68
- Conclusão 71

Capítulo 4: FAZENDO AMIGOS 72
- Xenofilia 72
- Círculos fechados 73
- Compromisso 75
- Ciúme 76
- Poder 76
- Convites 77
- Ato de presentear 77
- Clubes sociais 78
- Bares e vida noturna 78
- Conclusão 79

Capítulo 5: COTIDIANO 80
- Nascimento 80
- Ensino 81
- Serviço militar e Forças Armadas 82
- Encontrar trabalho 82
- Casamento 83
- Moradia 83
- Compras 86
- Dinheiro e bancos 88
- Manter a saúde 91

Capítulo 6: ENTRETENIMENTO 94
- Comer e beber 94
- Roupas 101
- Vida ao ar livre 101
- Futebol como modo de vida 103
- Passeios turísticos 104
- Festivais 105
- Museus e galerias de arte 105
- Monumentos 106
- Música e teatro 107
- Cinema 109

Sumário

Capítulo 7: VIAGENS   110
- Viagem aérea e entrada na Itália   111
- Registro na polícia   111
- O onipresente *bollo*   112
- Residência   113
- Transporte público e privado   114

Capítulo 8: RECOMENDAÇÕES NOS NEGÓCIOS   126
- Negócios na Itália   126
- Estrutura e organização corporativa   128
- Financiamento e governança corporativa   129
- Relações trabalhistas   130
- Planejamento   131
- Liderança   131
- Tomada de decisões   134
- Trabalho em equipe   135
- Motivação   136
- A linguagem geral da gestão   137
- *Feedback* e desacordos entre gestores   137
- Estilos de comunicação   138
- Fazendo contatos   140
- Horário comercial   141
- Preparação para a sua visita   141
- A primeira reunião   143
- Fazendo apresentações   144
- Reuniões e habilidades de negociação   145
- Diversão nos negócios   147

Capítulo 9: COMUNICAÇÃO   150
- Habilidades linguísticas   150
- A mídia   151
- Telefonia   155
- O serviço postal   158
- *Conversazione* (conversação)   160
- Questões de gênero   162
- Conclusão   163

Leitura recomendada   **165**
Índice remissivo   **166**

Mapa da Itália

Introdução

Na Itália, é impossível ficar entediado. Para animar, agradar e estimular você nessa estada, há a beleza da nação, a elegância e o charme do povo, a variedade das culturas regionais, a riqueza da comida e do vinho, a qualidade e a pitada do *design* e da engenharia, a reputação dos artistas, escultores, escritores, músicos e cineastas e, acima de tudo, a glória dos monumentos e dos trabalhos arquitetônicos desse país. Há o prazer sensual da língua italiana, do dia a dia ou da linguagem poética, e o modo como os italianos empregam diminutivos e apelidos para criar familiaridade e intimidade com aqueles que os cercam. Há o sopro da intriga e o escândalo, bem como a tragédia, na história e na política, desde os antigos romanos, passando pelo Renascimento, até o presente.

Como todos os guias *Culture Smart!*, este livro foca as pessoas. Como se comportam e o que as faz ser tão confiantes? Qual o melhor meio de chegar a bons termos com os italianos? Esse é de fato o modo real de desfrutar a Itália.

Mais do que todos os outros povos europeus, os italianos são o exemplo perfeito do estilo. *Fare bella figura* – apresentar-se bem, causar boa impressão – é imperativo social, não questão de moda. Algumas pessoas já comentaram, secamente, que a Itália representa um "triunfo do estilo sobre a essência". Conforme mostrado neste livro, o estilo é parte da essência, o que ajuda a explicar o sucesso do *design* e da moda italianos mundo afora.

A exemplo dos outros títulos desta série, *Culture Smart! Itália* mostra a você, estrangeiro, não só como aproveitar melhor seu tempo no país, mas também como conhecer os italianos e trabalhar com eles. O guia fornece informações úteis sobre a história e a cultura do país, e uma base para investigar ainda mais esse lugar fascinante. Aborda também a maneira como os italianos lidam com o cotidiano, com destaque para algumas de suas paixões e preocupações. Apresenta seus festivais e suas tradições, sugere como se divertir do modo italiano e lhe dá dicas de como viajar pelo país. Oferece também uma orientação sobre comunicações, em particular como se comunicar com êxito com italianos numa situação de negócios.

A cultura italiana tem sido exportada para todas as partes do mundo. Mas como ela é no plano doméstico? Dentre os povos europeus, o italiano é o mais aberto, emergindo de uma longa história de fragmentação regional, com algumas batalhas antigas ainda travadas nos campos de futebol italianos todas as semanas do campeonato. Esta é a sua chance de conhecê-los melhor.

Dados importantes

Nome oficial	República da Itália	
População	60,6 milhões (2011)	
Capital	Roma	População: 3,8 milhões
Principais cidades	Milão (pop. 1,6 milhão); Turim (pop. 1.050.000); Gênova (pop. 706 mil); Bolonha (pop. 730 mil); Florença (pop. 461 mil); Veneza (incl. parte continental, pop. 274.580); Nápoles (pop. 1.050.000); Bari (pop. 450 mil); Palermo (pop. 730 mil); Catânia (pop. 376 mil)	
Área	301.245 km²	
Clima	Mediterrâneo	
Moeda	Euro	Antes era a lira italiana
Composição étnica	85% italianos	
Idioma	Italiano e muitos dialetos regionais distintos	Fala-se alemão em Trento e Alto Ádige, francês no Vale de Aosta e esloveno nas regiões de Trieste e Gorizia
Religião	Não há religião oficial	O catolicismo romano é a principal religião
Governo	Democracia multipartidária, com presidente como chefe de Estado e primeiro-ministro como chefe de governo	Ocorrem eleições de cinco em cinco anos

Mídia	Imprensa regional com distribuição nacional. Principais jornais: *Corriere della Sera* (Milão); *Il Messaggero* (Roma); *Repubblica* (Roma); *L'Osservatore Romano* (Vaticano); *L'Unitá* (Roma; ex-comunista, agora mais de centro); *La Stampa* (Turim)	A RAI é a estação de difusão nacional com três canais de TV (Rai 1, 2 e 3) e três canais de rádio (Radio 1, 2 e 3). Há também diversos canais comerciais
Mídia de língua inglesa	O *International Herald Tribune* tem uma seção, "Italy Daily", que cobre o noticiário italiano. A *Wanted in Rome* é uma revista de notícias e reportagens em inglês de circulação quinzenal. O *L'Osservatore Romano* tem edição semanal em inglês	
Eletricidade	220 volts, 50 Hz CA, mas confira se os hotéis mais antigos ainda mantêm 125 volts	São usados plugues continentais padrão
Vídeo/TV	Sistema PAL de 625 linhas	
Domínio na internet	.it	
Telefone	O código identificador da Itália é 39	Adicione sempre o 0 antes do código de área local, até se fizer ligações da Itália (inclusive dentro da própria cidade). Para ligações internacionais, digite 00 mais o código do país
Fuso horário	Uma hora à frente do horário-padrão de Greenwich (GMT + 1 hora)	Cinco horas à frente do horário-padrão brasileiro

Capítulo **Um**

NAÇÃO E POVO

GEOGRAFIA

Fronteiriço a norte e a oeste com a Suíça e a França,
e a nordeste com a Áustria e a Eslovênia, o
continente italiano estende-se para o sul em direção
ao Mediterrâneo, entre os mares Ligúria e Tirreno
no oeste, e com os mares Adriático e Jônico no leste.
A Itália é antes de tudo um país mediterrâneo, e os
italianos compartilham certas características com
outras nações latinas – a espontaneidade, uma
sociedade baseada em relacionamentos e,
particularmente, o fato de não se preocupar demais
com horários.

Das três grandes ilhas insulares, a Sicília e a
Sardenha são italianas, enquanto a Córsega – terra
natal de Napoleão Bonaparte – é francesa. A capital,
Roma, ocupa praticamente o centro do país.

A Itália tem o formato de uma bota. Na ponta,
encontra-se a Sicília, no centro-sul da Europa, no
mar Mediterrâneo, e no salto, a cidade de Brindisi,
no mar Jônico. A distância entre os extremos norte e
sul do país, cerca de 1.600 km, pode ser percorrida
por um sistema de autopistas (*autostradas*)
nacionais. O passo de Brennero, no norte, está na
mesma latitude que Berna, na Suíça, enquanto a

ponta da região sul da Sicília se encontra na mesma latitude que Trípoli, na Líbia. Apenas um quarto do território é formado por terras aráveis, banhadas pelas águas dos rios Pó, Ádige, Arno e Tibre. Praticamente toda a região fronteiriça norte é recortada pelos Alpes, incluindo a cordilheira das Dolomitas, enquanto a dos Apeninos corre como uma espinha dorsal pela península desde o golfo de Gênova até o estreito de Messina, com picos cobertos de neve perenes até o começo do verão.

CLIMA E TEMPO
O clima italiano é mediterrâneo, mas a região norte é, em média, quatro graus mais fria que a região sul, pois o país se estende por mais de dez graus de latitude. Os habitantes de Milão, no grande planalto ao norte do rio Pó, suportam invernos tão gelados como os de Copenhague, na Dinamarca (5 °C em janeiro), enquanto seus verões são tão quentes como em Nápoles, no sul (31 °C em julho) – mas

sem as brisas marinhas refrescantes. Turim, ao pé dos Alpes, é ainda mais fria no inverno (4 °C), mas apresenta verões menos tórridos (24 °C em julho).

Todas as áreas costeiras são quentes e secas no verão, porém sujeitas a violentas tempestades, que podem causar inundações repentinas. As cidades mais continentais, como Florença e Roma, podem ter um clima delicioso no começo do ano (20 °C), mas desagradavelmente pesado e incômodo em julho e agosto (31 °C).

As melhores épocas para visitar o país são a primavera e o começo do verão e do outono, embora na semana da Páscoa as cidades italianas estejam repletas de turistas, e em abril e maio fiquem entulhadas de crianças italianas em idade escolar participando de excursões. O mês de setembro e o início de outubro, quando as taxas hoteleiras e as passagens de avião são mais baratas, são especialmente lindos, com dias ensolarados, claros e frescos, que coincidem com a colheita da uva. Outubro e novembro, meses da coleta do azeite de oliva, têm as chuvas mais pesadas do ano, mas os meses de inverno podem também ser úmidos, de modo que é importante levar uma capa impermeável e um par de tênis confortável. (Nápoles tem um índice médio de precipitação pluviométrica superior ao de Londres!) É o período ideal para os amantes de ópera, para os admiradores de esportes de inverno ou para fazer compras em lojas e shoppings de Milão, Roma ou Veneza. Mas, antes do fim de fevereiro, a amêndoa-rosa já está brotando no sul.

POPULAÇÃO

A Itália tem população de cerca de 58 milhões de
habitantes, e o país tem a segunda menor taxa
de natalidade da Europa (atrás da Espanha).
Estimativas apontam que a população poderia cair
para 52 milhões de pessoas dentro de cinquenta
anos.

Uma razão para isso é a diminuição das famílias,
posto que cada vez mais mulheres buscam ter a
própria carreira, ainda que formem apenas uma
pequena porcentagem da força de trabalho
profissional e técnica. Enquanto 88% das mulheres
italianas têm um único filho, mais da metade decide
não ter outro. Surpreendentemente, a expectativa de
vida da mulher italiana dobrou em cinquenta anos,
até uma idade média de 82 anos.

De acordo com estimativas da ONU, serão
necessários cerca de trezentos mil trabalhadores
estrangeiros ao ano para manter a força de trabalho
do país. Tem havido um fluxo constante de
migrantes do norte da África e do Oriente Médio,
mas a grande maioria é proveniente de regiões da
Europa Central e Oriental. Embora a Itália tenha
feito algumas tentativas para conter a imigração,
esses operários estrangeiros são vistos também como
"invasores úteis". Durante décadas, a Itália foi um
país de emigrantes (principalmente para os Estados
Unidos e a América Latina, e, posteriormente, para a
Austrália). A presença de imigrantes nas cidades
italianas é um fenômeno relativamente novo, e
muitos residentes ainda estão se acostumando a essa
situação.

REGIÕES E CIDADES

REGIÃO	CAPITAL
Vale de Aosta	Aosta
Piemonte	Turim
Lombardia	Milão
Trentino-Alto Ádige	Trento
Vêneto	Veneza
Friul-Veneza Júlia	Trieste
Ligúria	Gênova
Emília-Romanha	Bolonha
Toscana	Florença
Úmbria	Perúgia
Marche	Ancona
Lácio	Roma
Abruzo	Áquila
Molise	Campobasso
Campânia	Nápoles
Puglia	Bari
Basilicata	Potenza
Calábria	Catanzaro
Sicília	Palermo
Sardenha	Cagliari

A Itália contém dois miniestados, a República de San Marino e o Vaticano. San Marino cobre apenas 61 km^2 e é a mais antiga (e segunda menor) república do mundo, datando do quarto século de nossa era. A Cidade do Vaticano, um minúsculo enclave no coração de Roma, é a residência oficial do papa, chefe supremo da Igreja Católica Romana.

Estado da Cidade do Vaticano
(*Stato della Città del Vaticano*)

Medindo apenas $0,4$ km^2 (menos de um terço do tamanho de Mônaco), o Vaticano é um Estado soberano situado na margem ocidental do Tibre. Essa área diminuta é o que restou dos Estados Pontifícios, criados pelo papa Inocente II (1198-1216) ao superar candidatos rivais ao título de sacro imperador romano. Antes de sua conquista pelos piemonteses nos anos 1860, os Estados Pontifícios se estendiam desde o mar Tirreno, no oeste, até o Adriático, no leste, e abrigavam uma população de três milhões de habitantes. Hoje, o Vaticano é o menor país do mundo, com Exército formado pela Guarda Suíça (de fato, essencialmente italianos em postos temporários) e população de cerca de mil habitantes. A maioria dos trabalhadores da Cidade do Vaticano mora fora e se desloca para lá todos os dias da semana. Na condição de país independente, o Vaticano tem tudo do que precisa: correios, uma estação ferroviária, um ponto de pouso para helicópteros, uma estação de rádio e de TV, que transmite em 39 línguas, um banco, um hospital, restaurantes, farmácias e postos de gasolina.

A autoridade do Vaticano foi estabelecida em 380 de nossa era, quando a primazia da Santa Sé – a jurisdição do bispado de Roma – foi oficialmente reconhecida pela Igreja Ocidental. Como resultado, Roma é a Cidade Eterna para 850 milhões de católicos romanos espalhados mundo afora. Paradoxalmente, em 1985, foi assinada uma concordata, mediante a qual o catolicismo deixava de ser a religião oficial da Itália.

As glórias da Cidade do Vaticano são seu museu, que abriga a Capela Sistina e inúmeros trabalhos de arte, além da Basílica de São Paulo. Ela pode reunir uma congregação de sessenta mil membros e mede 186 m de comprimento, 140 m de largura e 120 m de altura. Construída entre 1506 e 1615, seu magnífico domo e o plano quadriculado em motivos gregos foram desenhados por Michelangelo, que trabalhou no projeto "pelo amor a Deus e por piedade" – ou seja, de graça! A basílica ainda abriga a *Pietà* de Michelangelo (a estátua da Virgem Maria sentada amparando o corpo desfalecido do Cristo morto) e a abóbada de bronze de Bernini (*baldacchino*) sobre o altar principal.

O papa está no comando da administração do Vaticano, auxiliado por seu secretariado, que trabalha sob as ordens da Secretaria de Estado. Há dez congregações, ou departamentos, que lidam com questões eclesiásticas, cada uma chefiada por um cardeal. A mais importante é a Congregação da

Doutrina da Fé – no passado, a Inquisição. Todos os bispos católicos são convidados a ir a Roma pelo menos a cada cinco anos a fim de ver o papa "no limiar dos apóstolos".

A principal instituição sagrada do Vaticano é a Cúria, ou Colegiado dos Cardeais, que compreende 120 bispos ou arcebispos. Quando um papa morre ou renuncia, os eleitores se reúnem em um conclave e ficam isolados na Capela Sistina até a eleição de um substituto. Após cada voto, as cédulas são incineradas e soltam uma fumaça preta pela chaminé da edificação. Assim que a eleição termina, adiciona-se uma substância química às cédulas que faz com que a fumaça fique branca, e o novo sacerdote supremo, já em suas prerrogativas papais, aparece diante do público na praça. Sua coroação ocorre no dia seguinte, na Basílica de São Pedro.

Roma

Com população de 3,8 milhões de habitantes, Roma é a capital da Itália e a sede do governo. Embora situada no centro do país, Roma é considerada uma cidade "sulista" por seu estilo e seu cenário.

Milão

Com população de 1,6 milhão de habitantes e situada na região norte da Lombardia, Milão é a "Nova York" italiana. Às vezes descrita pelos seus cidadãos como a verdadeira capital, Milão é o centro industrial da Itália e a casa de dois de seus mais famosos times de futebol – o Inter de Milão e o Milan FC. É também onde fica a *Borsa*, ou Bolsa de Valores italiana.

Nápoles

Um dos mais movimentados portos italianos e a "capital" do sul, Nápoles tem pouco mais de um milhão de habitantes. É um dos locais de visitação obrigatória, graças às cidades de Pompeia e Herculano, preservadas pela lava que as enterrou após a erupção do monte Vesúvio, em 79 d.C., e às famosas ilhas de Capri e Ischia.

Turim

Capital de Piemonte, Turim (com população superior a um milhão de habitantes) é a porta de entrada para os Alpes italianos e um dos principais centros industriais e de entroncamento de transportes.

Palermo

Fundada pelos fenícios no século VIII a.C., Palermo (730 mil habitantes) é a capital e o principal porto marítimo da Sicília.

Bolonha

Cidade industrial e de antigas universidades (730 mil habitantes), Bolonha é a capital da Emília-Romanha. É famosa pela qualidade da culinária, além de ser centro de transportes e mercado agrícola.

Gênova

Gênova (706 mil habitantes), capital da Ligúria no noroeste, é o principal porto italiano e um dos maiores centros comerciais e industriais do país.

Florença
Florença (461 mil habitantes), capital da Toscana, é famosa por seus tesouros arquitetônicos e artísticos, que datam de seu apogeu como a principal cidade arquitetônica do Renascimento italiano, sob o governo dos Médici. Atualmente, é também um centro de moda e um dos principais centros comerciais, industriais e de transportes.

Veneza
Veneza (274.580 habitantes, incluindo a parte continental), capital da região do Vêneto, é outro grande centro do Renascimento. A cidade antiga foi construída sobre estacas fincadas nas ilhas, em uma laguna de água salgada, e é famosa por seus canais e pontes. Além de ser uma atração arquitetônica e cultural, funciona como um dos principais portos da Itália.

UMA BREVE HISTÓRIA
A Itália é famosa por seus magníficos tesouros artísticos e por seu cenário de tirar o fôlego. Dois de seus maiores admiradores foram os poetas românticos do século XIX, Percy Bysshe Shelley e Lord Byron, que viveram por lá. Shelley, que morreu afogado em uma tempestade num pequeno bote que margeava a costa, perto de La Spezia, descreveu o país como "o paraíso dos exilados" (*Julian e Maddolo*, 1819), e Byron, numa carta endereçada a Annabella

Milbanke em 28 de abril de 1814, declarou: "A Itália me atrai". Após quase um século, Henry James escreveu para Edith Wharton: "A velha e bela Itália é incomparavelmente o país mais belo do mundo – é de uma beleza (e de um interesse e uma complexidade de beleza) tão grande, comparada à de qualquer outro país, que nem vale a pena ficarmos falando".

Curiosamente, os poetas italianos Bocaccio e Dante, do final do período medieval em diante, descreveram seu país de forma totalmente diferente. Durante muitos séculos, a Itália foi descrita como uma mulher arruinada, uma "vagabunda" ou um bordel. Muitos problemas contemporâneos do país decorrem de sua história, como uma nação composta de cidades-Estado que guerreavam entre si, sendo posteriormente governada por outras potências europeias. A Itália só foi unificada em 1861 e, em certo sentido, ainda se tem a impressão de que é um país "jovem", apesar de tão antiga.

Pré-história
Na Era do Bronze, por volta de 2000 a.C., tribos itálicas indo-europeias que desceram da bacia do

Danúbio colonizaram a Itália. A primeira civilização indígena mais sofisticada foi a dos etruscos, que se desenvolveu nas cidades-Estado da Toscana. Em 650 a.C., essa civilização se expandiu até formar o centro e o norte da Itália, configurando um exemplo antecipado de vida urbana. Os etruscos controlavam os mares nos dois lados da península e por determinado período foram as dinastias dominantes no vizinho Lácio, as terras baixas na região central da costa ocidental italiana. As ambições etruscas eram eventualmente supervisionadas pelos gregos em Cumas, próximo de Nápoles, em 524 a.C., e a Marinha etrusca acabou sendo derrotada por aquele povo numa batalha naval em 474 a.C.

Nessa época, as colônias gregas no sul da Itália estavam introduzindo o azeite, a cultura da uva e o alfabeto escrito. A civilização grega, de fato, iria ter uma influência fundamental no futuro Império Romano.

A ascensão de Roma

Durante os séculos IV e III a.C., Roma, a principal cidade-Estado do Lácio, atingiu certa proeminência e unificou a península itálica sob seu governo. Diz a lenda que Roma foi fundada por Rômulo e Remo, filhos gêmeos do deus Marte e da filha do rei de Alba Longa. Abandonados para morrer às margens do rio Tibre, os bebês mamaram em uma loba até serem descobertos por um pastor de ovelhas, que os criou. Por fim, Rômulo fundou Roma em 753

a.C. no monte Palatino, acima dos bancos do Tibre em que a loba os resgatara. Ele se tornou o primeiro de uma linha de sete reis.

Após a expulsão de seu último monarca etrusco, Roma se tornou república em 510 a.C. Seu domínio político foi calcado pelo desenvolvimento constitucional notavelmente estável, e, posteriormente, todos os italianos obtiveram o status pleno de cidadãos romanos. A derrota dos inimigos e rivais estrangeiros levou à fundação dos protetorados e, em seguida, à anexação direta dos territórios além da Itália.

O Império Romano

A marcha vitoriosa da república pelo mundo conhecido continuou, apesar dos levantes políticos e das guerras civis, culminando com o assassinato de Júlio César, em 44 a.C., e com a promulgação do Império Romano, sob o governo de Augusto e seus sucessores. Depois disso, Roma floresceu. O imperador Augusto levou a fama de "descobrir Roma em construções feitas de tijolo e de transformá-las em mármore". A cidade foi destruída por um incêndio em 64 d.C., durante o reinado do imperador Nero, que, para desviar a atenção sobre culpa que recaía sobre ele, iniciou um período de perseguição aos cristãos. Foi em torno dessa época que são Pedro e são Paulo foram executados. Pedro foi crucificado de cabeça para

baixo, e Paulo, cidadão nascido em Roma, foi decapitado.

O Império Romano durou até o século V d.C., e seu ápice se estendeu desde a Bretanha, no oeste, até a Mesopotâmia e o mar Cáspio, no leste. O Mediterrâneo efetivamente passou a ser um lago interno – *mare nostrum*, "nosso mar". A civilização da Roma e da Itália antigas criou raízes e teve profunda influência no desenvolvimento de toda a Europa Ocidental, durante a Idade Média, o Renascimento e para além destes, nas artes, na arquitetura, na literatura, no direito, na engenharia e na utilização internacional de sua língua, o latim, tanto entre os estudiosos quanto nas grandes cortes europeias.

A queda do Império e a ascensão da Igreja

Em 330 d.C., Constantino, primeiro imperador cristão, mudou a capital de seu império para Bizâncio (Constantinopla, hoje Istambul), e com isso Roma foi perdendo importância. Em 395 d.C., o Império foi dividido nas partes leste e oeste, sendo cada uma governada por seu próprio imperador. Havia uma contínua pressão nas fronteiras, pois tribos bárbaras testavam invariavelmente todas as defesas imperiais. Em 410, Roma foi pilhada pelos visigodos de Thrace, liderados por Alarico. Ocorreram invasões posteriores na Itália perpetradas pelos hunos, sob o comando de Átila, em 452, e as tribos dos vândalos saquearam Roma em 455. Em 476, o último imperador ocidental, Rômulo Augusto, foi deposto, e, em 568, a Itália foi invadida pelos lombardos, que ocuparam a Lombardia e a região central do país.

Com a derrocada do Império Romano no oeste, a Igreja em Roma tornou-se a única herdeira e transmissora da cultura imperial e sua legitimidade, e, com isso, cresceu o poder do papado. O papa Gregório I (590-604) construiu quatro das basílicas da cidade e enviou missionários para converter pagãos ao cristianismo (incluindo santo Agostinho para a Bretanha). No Natal de 800, em uma cerimônia em Roma, o papa Leão III (795-816) coroou o defensor da cristandade – o rei franco Carlos Magno – "imperador dos romanos", e a Itália ficou brevemente unida com a Alemanha em um novo Império Romano cristão. Dessa data até 1250, as relações entre o papado e o Sacro Império Romano, inicialmente amistosas, mas depois hostis, formaram o principal traço da história italiana.

As cidades-Estado

Nos séculos XII e XIII, os poderes espirituais e temporais da cristandade ocidental, o papado e o Sacro Império Romano competiram pela supremacia. Durante essas disputas, as cidades italianas aproveitaram a oportunidade para se tornarem repúblicas com governos autônomos. Apoiadas pelo papado, as cidades do norte formaram a Liga Lombarda para resistir aos esforços de soberania dos imperadores. A influência e o poder papais atingiram o ápice na administração do papa Inocente III (1198-1216).

A Itália tornou-se um quebra-cabeça de reinos, ducados e cidades-Estado, que ia dos Alpes à Sicília. Séculos de guerras e barreiras comerciais estimularam a animosidade entre italianos vizinhos, acabando por reforçar lealdades locais. Com a exceção do território de Roma, governado pelo papa, a maioria desses Estados sucumbiu a governos estrangeiros. Cada um deles preservava seu próprio governo, seus hábitos e sua língua. A história italiana foi muito mais marcada por feitos na esfera humana do que por feitos políticos. Nesse período, foram fundadas as grandes cidades e os centros de aprendizado medievais – a Universidade de Bolonha, fundada no século XII, é a mais antiga da Europa.

O Renascimento italiano

O século XIV foi testemunha dos primórdios do Renascimento italiano, a fantástica explosão cultural que descobriu a expressão sublime no aprendizado e nas artes. Na mudança de uma visão mundial religiosa para uma mais secular – o Humanismo –, o "novo aprendizado" da era redescobriu a civilização da Antiguidade clássica, explorou o universo físico e colocou o homem como o centro de todas as coisas existentes no universo. Bocaccio e Petrarca deixaram escritos importantes em italiano, e não em latim. Na pintura e na escultura, a busca de conhecimento acarretou maior naturalismo e interesse na anatomia e na perspectiva, registrados nos tratados do artista e filósofo Leon Battista Alberti.

Durante esse período, as artes foram patrocinadas por riquíssimas famílias italianas dominantes, como os Médici, em Florença, os Sforza, em Milão, e os Bórgia, em Roma. Foi a era do "homem universal" – gênios artísticos e de vários ramos da matemática, como Leonardo da Vinci, cujos estudos incluíam pintura, arquitetura, ciências e engenharia, e Michelangelo, que foi não apenas escultor e pintor, mas também arquiteto e poeta. Outros grandes artistas dessa safra foram Rafael e Ticiano. Arquitetos como Brunelleschi e Bramante estudaram as construções da Roma antiga para obter equilíbrio, clareza e proporções em seus projetos. Andrea Palladio adaptou os princípios da arquitetura clássica às exigências da época, criando o estilo paladiano.

Andreas Vesalius, que inseriu a dissecação do corpo humano como parte importante da medicina, ensinou anatomia nas universidades italianas. O compositor Giovanni Palestrina foi o mestre do contraponto renascentista, em uma época em que a Itália era a fonte cultural da música europeia. Galileu Galilei fez trabalhos seminais em física e astronomia, antes de ser preso pela Inquisição, em 1616, e obrigado a se retratar de sua defesa da visão copérnica* do sistema solar, em 1633.

A invenção da imprensa e as viagens de mapeamento geográfico deram um ímpeto a mais ao espírito renascentista de investigação e ceticismo. No entanto, em sua aposta para deter a disseminação do protestantismo e da heterodoxia, a Contrarreforma quase extinguiu a liberdade intelectual na Itália do século XVI.

Invasões estrangeiras

No século XV, grande parte da Itália foi governada por cinco Estados rivais – as cidades-República de Milão, Florença e Veneza, no norte; os Estados Pontifícios, no centro; e o reino, no sul, das duas Sicílias (Sicília e Nápoles haviam se unido em 1442). Suas disputas e rivalidades deixaram-nas abertas a invasões da França e da Espanha. Em 1494, o rei Carlos VIII, da França, invadiu a Itália para reivindicar a coroa napolitana. Ele foi forçado a recuar em razão de uma coalizão entre Milão, Veneza, Espanha e o Sacro Império Romano.

Nos séculos XVI e XVII, a Itália tornou-se uma arena para as lutas dinásticas travadas entre as famílias dominantes da França, da Áustria e da Espanha. Após a derrota da França pela Espanha, em Pavia, o papa apressadamente formou uma aliança contra os espanhóis. O imperador de Habsburgo, Carlos V, derrotou-o, e, em 1527, seus

---

* O guia está se referindo, obviamente, a Nicolau Copérnico, grande astrônomo polonês nascido no final do século XV. (N. do T.)

mercenários germânicos saquearam Roma,
deixando os cavalos nos estábulos do Vaticano. Para
alguns historiadores modernos, esse episódio
simboliza o final do Renascimento na Itália.

A Espanha era a nova potência mundial no século
XVI, e os Habsburgo da linha espanhola dominaram
a Itália. Carlos V, que foi rei da Espanha e
arquiduque da Áustria, governou Nápoles e a Sicília.
No século XVII, a Itália era efetivamente parte do
Império Espanhol, e desandou até atingir declínio
econômico e cultural. Após o Tratado de Utrecht,
em 1713, a Áustria substituiu a Espanha como o
poder dominante, embora o rei de Nápoles ficasse
sob o comando dos Bourbon espanhóis em 1735,
deixando enorme influência na cultura do sul.

Domínio francês

A velha ordem foi varrida de lado pelas guerras
revolucionárias francesas. No período entre 1796-
-1814, Napoleão Bonaparte conquistou a
Itália, quando estabeleceu Estados-satélite
e introduziu os princípios da Revolução
Francesa. Primeiro, dividiu a Itália em
várias repúblicas fantoches. Depois,
após sua ascensão ao poder absoluto na
França, doou o antigo Reino das Duas
Sicílias a seu irmão José, que se tornou
rei de Nápoles. (Este posteriormente o
repassou a seu cunhado, Joaquim
Murat.) Os territórios da região norte
de Milão e da Lombardia foram
incorporados a um novo Reino da
Itália, com Napoleão como rei, e seu

filho adotivo, Eugênio de Beauharnais, como vice-rei.

Os italianos sob o governo direto francês estavam sujeitos à jurisdição do Código Napoleônico e acostumaram-se com um governo centralizado, moderno, e com uma sociedade individualista. No Reino de Nápoles, foram abolidos privilégios feudais e implantadas ideias democráticas e de igualdade social. Dessa maneira, embora o período do governo francês na Itália fosse relativamente curto, seu legado consistiu em uma apreciação pela liberdade política e pela igualdade social, e em uma recém-emergente percepção de patriotismo nacional.

Ao criar o Reino da Itália, Napoleão agrupou pela primeira vez a maioria das cidades-Estado independentes das regiões norte e central da península e estimulou o desejo de uma Itália unificada. Ao mesmo tempo, no sul, nasciam as sociedades secretas revolucionárias dos Carbonari (carvoeiros), que desejavam uma Itália livre do controle estrangeiro e com um governo constitucional assegurado.

A unificação da Itália

Após a derrota de Napoleão em 1815, os aliados vitoriosos pretenderam restaurar o equilíbrio de forças entre as potências europeias. A Itália foi mais uma vez dividida entre a Áustria (Lombardia-Veneza), o papado, os reinos da Sardenha e Nápoles e quatro ducados de menor tamanho. Todavia, o gênio estava fora da garrafa.

Ideais democráticos e nacionalistas permaneciam vivos e encontraram expressão no movimento por

uma Itália unida e independente chamada de *Risorgimento* (Ressurreição). Em 1831, o idealista e radical Giuseppe Mazzini fundou um movimento denominado Jovem Itália, que fez extensivas campanhas pelo país por uma república unificada. Seu mais celebrado discípulo era o extravagante Giuseppe Garibaldi, que começara sua longa carreira revolucionária na América do Sul. O arquiteto-chefe do *Risorgimento*, contudo, era o conde Camillo Cavour, primeiro-ministro liberal do Reino da Sardenha.

Os regimes repressivos impostos na Itália inspiraram revoltas em Nápoles e Piemonte, em 1820-1821, nos Estados Pontifícios, em Parma, em Módena, em 1831, e por toda a península, em 1848-1849. Eles foram suprimidos em todas as partes, exceto na monarquia constitucional da Sardenha, que se tornou a defensora do nacionalismo italiano. A habilidade diplomática e a paciência de Cavour ganharam o apoio dos franceses e dos britânicos para a luta contra o absolutismo. Com a ajuda de Napoleão III, Vítor Emanuel II, da Sardenha, expulsou os austríacos da Lombardia em 1859.

No ano seguinte, Garibaldi e seu exército de mil voluntários (conhecidos como *I Mille*, os mil italianos, ou os camisas-vermelhas) desembarcam na Sicília. Recebidos pelo povo como os libertadores, eliminaram do mapa a dinastia despótica dos Bourbon e prosseguiram rumo norte, até a península.

Vítor Emanuel II invadiu os Estados Pontifícios, e os dois exércitos vitoriosos se encontraram em Nápoles, onde Garibaldi entregou o comando de suas tropas para o seu monarca. Em 17 de março de 1861, Vítor Emanuel II foi proclamado rei da Itália em Turim. Veneza e parte do Vêneto estavam protegidas graças à outra guerra, ocorrida em 1866, e, em 1870, as forças italianas ocuparam Roma, em desobediência ao papa, concluindo dessa forma a unificação do país.

A autonomia do papa foi reconhecida pela Lei das Garantias, que também lhe conferiu o status de monarca reinante sobre certo número de edificações em Roma. O Vaticano se tornava um Estado autônomo dentro da Itália.

Com a passagem dos heróis do *Risorgimento*, o governo nacional de Roma começou a se associar à corrupção e à ineficiência. A percepção de que a unidade do país fora obtida em grande medida pelos inimigos de seus inimigos (França e Prússia) e as condições reais de privação econômica levaram à desmoralização e a uma enorme intranquilidade. Houve agitações acerca do preço do pão em Milão, em 1898, seguidas por medidas enérgicas contra movimentos socialistas. Nesse cenário, em 1900, o rei Umberto I foi assassinado por um anarquista.

A Itália agora entrava na arena política das potências europeias e começava a ter gosto por ambições coloniais. Prejudicada pela França na Tunísia, o país uniu-se à Alemanha e à Áustria na Tríplice Aliança em 1882 e ocupou a Eritreia, fazendo-a sua colônia em 1889. Uma tentativa de cercar a Abissínia (Etiópia) foi decisivamente derrotada em Adowa, em 1896. No entanto, a guerra contra a Turquia, em 1911-1912, rendeu-lhe a Líbia e as ilhas Dodecanesas no Egeu, e renasceram os sonhos de um glorioso Império Romano ultramarino. Com a deflagração da Primeira Guerra Mundial, a Itália denunciou a Tríplice Aliança e permaneceu neutra, mas, em 1915, entrou para o lado das forças aliadas. Os tratados de 1919, no entanto, conferiram à Itália muito menos do que o país exigia – Trieste, Trentino e Tirol do Sul, mas, o mais importante, muito pouco na esfera colonial. Essa humilhação provocaria ressentimentos nos anos futuros.

O período pós-guerra na Itália foi de intensas preocupações políticas e sociais, que os governos desprezados universalmente se mostravam muito fracos para subjugar. O desapontamento patriótico com o resultado da guerra aumentou em virtude da existência de grandes grupos de ex-soldados. Em 1919, o aviador e poeta nacionalista Gabriele D'Annunzio liderou um exército oficioso para tomar o porto croata de Fiume, dado à Iugoslávia mediante o Tratado de Versalhes. Embora o golpe fracassasse após três meses, comprovou que era um ensaio geral para a investida fascista dali a quatro anos.

A Marcha sobre Roma
Nos anos subsequentes, houve aumento da inflação, do desemprego e do número de tumultos e crimes.

Formaram-se assembleias de trabalhadores nas fábricas. Socialistas e comunistas marcharam pelas ruas. Contrária a esses grupos, a bandeira de "limpeza total", oferecida pelo movimento fascista populista de extrema-direita liderado por Benito Mussolini, atraiu amplamente as ameaçadas classes médias, industriais e proprietários de terra e patriotas de todas as classes. Sua insígnia era o símbolo de autoridade da Roma antiga, os *fasces* – um machado rodeado por varas estreitamente unidas que denotavam força e segurança. Os ganhos eleitorais em 1921 provocaram arrogância e violência crescentes, e esquadras de fascistas armados atacavam e aterrorizavam os inimigos nas grandes cidades.

Em outubro de 1922, o jovem e irascível Mussolini convocou milhares de seguidores em camisas pretas para um comício em Nápoles, o qual exigia a tomada do governo; a multidão respondeu com cânticos de "Roma, Roma, Roma". As milícias fascistas se mobilizaram. Luigi Facta, o último primeiro-ministro oficial, renunciou, e milhares de camisas-negras (*camicie nere*) marcharam para Roma sem encontrar resistência. O rei Vítor Emanuel III indicou Mussolini como primeiro--ministro, e a Itália começou uma nova e perigosa era.

Os anos fascistas

Mussolini se moveu rapidamente para assegurar a lealdade do exército. Criticamente, reconciliou o Estado italiano com o Vaticano separatista, assinando uma solene concordata com o papa em

1929, que conferia autoridade a seu governo. Embora ainda uma monarquia constitucional do ponto de vista técnico, a Itália era agora uma ditadura. O regime fascista destruiu toda a oposição e exerceu controle praticamente total em todos os aspectos da vida italiana. Nos primeiros anos, apesar da supressão das liberdades individuais, o fascismo foi amplamente aceito, com a melhora da

administração, das condições dos operários, a estabilização da economia e a implementação de um programa de trabalhos públicos. O homem do destino italiano, *il Duce* (o Líder), era idolatrado, chegando a personalizar o Estado corporativo. Há um claro paralelismo do fascismo com o regime de Adolf Hitler na Alemanha. À diferença dos nazistas, no entanto, a doutrina fascista efetivamente não encerra uma teoria de pureza racial. Medidas antissemíticas só foram implementadas em 1938, provavelmente sob pressão germânica, mas nunca foram seguidas como modelo importado de outro país.

Mussolini via a si mesmo como herdeiro dos imperadores romanos e se lançou agressivamente na construção de um império. O bem equipado exército italiano enviado para conquistar a Etiópia em 1935-1936 utilizou gás venenoso e bombardeou hospitais da Cruz Vermelha. Quando ameaçada com sanções, a Itália uniu-se à Alemanha nazista na aliança do eixo de 1936. Em abril de 1939, a Itália invadiu a Albânia, cujo rei fugiu, fato que acelerou a proclamação de Vítor Emanuel III como rei da Itália e da Albânia, além de imperador da Etiópia. Naturalmente apoiador de governantes ditadores, Mussolini interveio ao lado das forças nacionais do general Franco, na Guerra Civil Espanhola (1936-1939), e entrou na Segunda Guerra Mundial como aliado da Alemanha.

A guerra não trouxe resultados positivos para a Itália. As derrotas no norte da África e na Grécia, a invasão dos aliados na Sicília e o descontentamento reinante dentro do país acabaram com o prestígio de Mussolini. Ele foi forçado a renunciar pelo seu próprio Conselho Fascista, em 1943. O novo governo italiano, comandado pelo marechal Badoglio, se rendeu aos aliados e declarou guerra contra a Alemanha. Resgatado por paraquedistas alemães, Mussolini instalou um governo de transição no norte da Itália. Os alemães ocuparam as regiões central e norte italianas, e até sua libertação final, em 1945, o país era um campo de batalhas. Mussolini e sua amante, Clara Petacci, foram capturados por guerrilheiros italianos no lago Como, enquanto tentavam fugir do país, e assassinados a tiros. Seus corpos foram dependurados de cabeça para baixo numa praça pública de Milão.

ITÁLIA PÓS-GUERRA

Em 1946, Vítor Emanuel III abdica em favor de seu filho, Umberto II, que reina por 34 dias. Em um referendo em junho, os italianos votam (doze milhões contra dez milhões) a favor da abolição da monarquia, e a Itália torna-se uma república, sendo despojada de suas colônias em 1947. Entra em vigor uma nova Constituição no ano seguinte, e os democrata-cristãos emergem na condição de partido do governo.

O novo monarca abdica e, com todos os membros da casa dos Savoia, é proibido de regressar ao país. (Em maio de 2003, o Senado teve uma votação, de 235 contra dezenove parlamentares, por meio da qual se permitiu que a família real, os Savoia, retornasse à Itália.)

Numa tentativa de solidificar as entidades isoladas da península em um reino unificado, os líderes italianos do passado criaram um Estado extremamente burocrático, feito sob medida para as aspirações de Mussolini conseguir manipulá-lo dali a cinquenta anos. Esse sistema supercentralizado operado por Roma sobreviveu à queda do fascismo e ao fim da desacreditada monarquia, mas aterrissou na república recém-instaurada com uma burocracia imensa e custosa e mecanismos obsoletos para a tomada de decisões.

Durante a maior parte da segunda metade do século XX, a Itália foi governada por uma coalizão democrata-liberal-socialista-cristã cada vez mais corrupta. Disputas de poder intermináveis dentro dessa coalizão causaram a desintegração e a reconstituição de governos com uma notória regularidade, mas o regime em si presumivelmente era uma parte fixa do próprio sistema.

Já que era uma fonte poderosa de favores escusos, seus excessos permaneceram sem supervisão até o início da década de 1990, quando revelações escandalosas de suborno em todos os níveis da política e das grandes empresas provocaram da noite para o dia a queda do conceito da maioria dos democrata-cristãos. Para os italianos, essa constatação foi praticamente um evento tão grave como o colapso do Império Soviético.

O período mais negro da história da Itália pós-guerra, ecos do que pode ser ouvido até hoje, foi o dos *anni di piombo*, ou anos de chumbo. Durante o que um jornalista italiano descreveu como uma guerra civil de baixo alcance na década de 1960, houve quinze mil ataques terroristas, nos quais 491 italianos morreram, incluindo líderes políticos como Aldo Moro – o líder democrata-cristão. Os anos de chumbo duraram até a década de 1980 e geraram uma série de grupos notórios, como as Brigadas Vermelhas (*Brigate Rosse*), e atrocidades cometidas por ativistas de esquerda, como explosões na Piazza Fontana, em Milão, em 1969. Nesse período, a Itália sofreu vários atentados, tanto de esquerda como de direita.

A Máfia, tradicional fonte do crime organizado italiano, originou-se na Sicília, exercendo controle sobre políticos e empresários locais, geralmente com uma violência interna considerável, além de assassinar juízes e políticos que a ela resistiam. (Na Sicília, a Máfia é conhecida por Cosa Nostra; sua equivalente napolitana é a Camorra.)

A operação *Mani Pulite*

A década de 1990 testemunhou a operação anticorrupção *Mani Pulite*, ou Mãos Limpas, objetivando a limpeza da vida pública. Embora haja certo grau de ceticismo sobre os resultados, a campanha conseguiu marcar uma pausa nas ações políticas extremamente violentas dos anos 1960 e 1970 e a emergência de um governo de caráter mais convencional. Após importantes reformas eleitorais, as eleições de 1996 constituíram uma disputa entre os partidos de oposição estabelecidos há tempo e um grupo de recém-chegados, os ex-comunistas e seus aliados, contra uma coalizão de direita prontamente montada que consistia de reformados neofascistas, um partido separatista do norte que tivera um crescimento muito rápido (a Liga Norte, também conhecida simplesmente por Liga), e a Força Itália, liderada pelo milionário da mídia (e um dos homens mais ricos do planeta) Silvio Berlusconi. Por cinquenta anos após a Segunda Guerra Mundial, a Itália obtivera êxito em manter seus dois extremos, o fascismo e o comunismo, fora do governo nacional. Os comunistas eram o segundo maior e mais bem organizado partido da Itália, mas estavam excluídos pelo temor do marxismo durante a Guerra Fria. Os neofascistas ainda eram considerados estreitamente associados às lembranças do governo de Mussolini.

Agora os antigos antagonistas haviam mudado sua imagem e, hoje, tanto os grupos de esquerda como os de direita tentam se apresentar como o "partido dominante". Os ex-comunistas (rebatizados como Partito Democratico della Sinistra [Partido Democrático da Esquerda], ou PDS) eram os

principais participantes da coalizão de centro-
-esquerda que liderava o país após 1996 e
presidiram as estritas reformas fiscais que
possibilitaram à Itália entrar na União Monetária
Europeia em janeiro de 1999.

A era Berlusconi
Nas eleições de 2001, Silvio Berlusconi,
presidente da MediaSet e de vários outros
negócios nos âmbitos nacional e
internacional, além de líder da coalizão
Força Itália no Parlamento italiano, tornou-se
primeiro-ministro. No ano seguinte, a Itália deteve
a presidência da União Europeia (UE).

GOVERNO
Segundo a Constituição do país, a Itália é uma
república multipartidária com um presidente eleito
como chefe de Estado e um primeiro-ministro como
chefe de governo. Há duas casas legislativas, um
Senado com 325 assentos e uma Câmara de
Deputados com 633 assentos. São realizadas eleições
de cinco em cinco anos. O primeiro-ministro é o
líder do partido ou da coalizão vencedores da
eleição. O país é dividido administrativamente em
vinte regiões, que refletem em grande medida as
características e os hábitos regionais tradicionais.

POLÍTICA
A política italiana apresenta uma característica típica
de confronto, e, na esfera pública, às vezes pode ser

mais perigosa, mas no fim tudo gira em torno da arte da acomodação.

Algumas cidades italianas, como Bolonha, são famosas por sua inclinação política esquerdista, e as regiões maiores e mais prósperas do centro-norte, como Toscana, Emília-Romanha e Marche, têm longa tradição comunista. Com o passar do tempo, no entanto, a política italiana adquiriu uma posição mais de centro, e o país está se adaptando a uma alternância entre coalizões de centro-esquerda e de centro-direita.

Além da competição entre ideologias, quando duas personalidades fortes dentro de um mesmo partido político batem de frente, o perdedor geralmente funda outro partido, que então se torna parte de uma das principais coalizões.

Na política italiana atual, a televisão é quem dá as cartas, e o bloco de centro-direita é dominado por Silvio Berlusconi, cujo conglomerado MediaSet detém metade da indústria de editoração e de TV do país, bem como um time de futebol – o Milan FC. Apesar de (ou talvez por causa de) um número enorme de acusações de corrupção e escândalos fiscais, esse bilionário, que se fez por si mesmo e comanda cortes de impostos e desregulamentações, é admirado por grande quantidade de pequenos empresários e proprietários italianos, sem mencionar os aficionados por futebol e os viciados em TV.

VIDA ECONÔMICA
Cinquenta anos atrás, a Itália era um país essencialmente agrário. Agora, é a quinta ou sexta

maior economia industrial do mundo. Contudo, mesmo atualmente, o país é caracterizado por grandes disparidades de renda. Bolsões industriais muito ricos, tais como Milão, apresentam um contraste acentuado com áreas em que prevalecem padrões de vida bem mais baixos, particularmente no sul (conhecido como *Mezzogiorno*), onde ainda são comuns relações do tipo patrão/cliente. A Lombardia por si só responde por 20% do PIB italiano.

Embora visitado por seus tesouros de arte históricos, o país surpreende os visitantes como nação moderna em contínuo estado de evolução. É também relativamente jovem. Isso se reflete com frequência em uma mentalidade imperiosa de mercantilismo ilimitado para "as pessoas ficarem ricas rapidamente". Muitas áreas de beleza natural têm sido destruídas pela construção imobiliária indiscriminada, particularmente ao longo das faixas costeiras.

Capítulo **Dois**

VALORES E ATITUDES

A estrutura geográfica e as divisões históricas da Itália deram origem a um país com distintas regiões, cada uma com seu próprio dialeto, política e cultura. Por essa razão, uma característica comum domina a vida italiana: a família.

A FAMÍLIA EM PRIMEIRO LUGAR

A importância da família na vida italiana não pode ser desprezada. A família são as pessoas em quem você pode confiar, para quem você trabalha, para quem presta favores ou quem presta favores a você. O exemplo mais extremo da "família em primeiro lugar" é provavelmente o da Máfia siciliana, cujo código de honra permite matanças por vingança ou *vendettas* entre famílias as quais perduram por gerações e cuja lealdade é baseada inteiramente na família.

No dia a dia, os italianos gostam de falar da família e a consideram suas raízes e o que lhes dá uma posição na sociedade. É sempre útil você levar fotografias de sua família (se não tiver uma, invente-a!) para mostrá-las aos outros e conversar. Essa é uma ótima maneira de criar vínculos com os italianos.

Os negócios na Itália ainda são dominados por empresas familiares, em que os filhos ou filhas do fundador frequentemente assumem o comando e tocam as organizações. Os italianos tratam a família com seriedade, e, se eles o conhecem desde que eram jovens, então você também é parte da família. Quando uma empresa estrangeira rescindiu o contrato de representação com uma distribuidora italiana, após anos de fraco desempenho, o chefe da organização italiana, desolado, protestou: "Mas eu o conheço desde que eu tinha quatro anos. Eu ainda me sentava no colo do meu pai, e ele já negociava com você". A implicação é clara: "Como você pode fazer isso com um membro da família?"

SENTIMENTOS E EMOÇÕES

Os italianos são pessoas "sentimentais". Eles prontamente aceitam e trocam informações, mas no fim as decisões são tomadas por reações instintivas, em que assumem parte importante as considerações familiares e regionais. Isso significa que o modo como enxergam as coisas tende a ser particular e subjetivo. Em vez de aplicar as regras universais, um italiano verificará os detalhes de cada situação e decidirá individualmente, de acordo com os méritos dele (ou com os seus méritos). Essa é a razão pela qual, independentemente da regra, há sempre uma exceção se você consegue apresentar argumentos a favor dela.

Isso não quer dizer que os fatos não tenham lugar na vida italiana, mas que eles sempre serão considerados em relação à(s) pessoa(s) envolvida(s). Essa atitude pode até reunir indivíduos que estavam totalmente separados no campo político. É perfeitamente possível ter visões de extrema-direita e extrema-esquerda dentro da mesma família, mas isso não impede a comunicação. O que caracteriza a sociedade italiana, como apontou o escritor americano Terri Morrison, em *Kiss, Bow or Shake Hands*, é uma forte resiliência cultural e social que induz à continuidade.

A IGREJA

Embora a Itália não seja oficialmente uma nação católica, a Igreja Católica ainda desempenha papel muito importante no país e fornece uma estrutura para a vida dos italianos. Quer em oposição ou em solidariedade a ela, a Igreja provê um foco para os valores e as atitudes, modelando a cultura italiana. A religião ainda é parte da vida rotineira de um grande número de italianos.

A autoridade da Igreja Católica repousa sobre a sucessão apostólica – a crença de que Cristo ordenou são Pedro, seu sucessor na Terra, passando este a ser o primeiro bispo de Roma. A palavra do papa, quando pronunciada *ex cathedra* (de seu trono), é considerada a lei de Deus.

É impossível desprezar a importância da tradição católica no cotidiano das pessoas, sejam crentes ou não, ou apenas cristãos praticantes. A vida na Itália é de certo modo influenciada pela crença ou pela oposição à hierarquia católica. O catolicismo é uma religião autocrática, controlada de cima para baixo, com uma hierarquia de autoridade que se estende do papa, passa pelos cardeais, arcebispos e bispos, até chegar ao padre da paróquia local. Essa abordagem hierárquica se reflete na sociedade, por meio da autoridade do pai, na estrutura das empresas italianas, na cultura artística do povo e nos sinos de igrejas, que evocam a fé para as massas.

TOLERÂNCIA

Em contrapartida, os italianos são famosos pela tolerância a lapsos morais que a Igreja Católica considera inaceitáveis. Assim, pequenos delitos, fraudes e infidelidade sexual são, se não aceitos, reconhecidos como exemplos da fragilidade humana e perdoados. Afinal, quem já não pecou alguma vez na vida? O importante é manter as aparências, sempre e a todo custo. Isso significa que os italianos podem ser surpreendentemente flexíveis e compreensivos em situações difíceis. Um intermediário estrangeiro elaborara incorretamente um contrato. Temeroso de ser processado por ambas as partes, pediu a seu colega italiano se seria possível redigir um novo contrato. "Sem problema", respondeu o italiano. "Apenas me envie o novo contrato, e vou assiná-lo e rasgar o anterior. Afinal, todos nós cometemos erros."

BELLA FIGURA

Na Inglaterra, o que faz o mundo girar é o humor; na França, as ideias; na Alemanha, a respeitabilidade; e, na Itália, as aparências. É verdade que, na Itália, o modo como você se veste e age fala muito sobre você, e é importante se vestir e agir corretamente. "Quando em Roma, faça como os romanos", revela o dito popular, e os romanos, a exemplo de todos os italianos, dão muito valor a uma *bella figura*.

Em um país com tantas grifes sofisticadas e onde os indivíduos podem parecer muito assertivos, exibir boa aparência e causar boa impressão é fundamental. Os italianos, especialmente as mulheres, gastam pequenas fortunas em roupas e dão muita importância às marcas. Portanto, um ciclista usa roupas de campeão, e a competição nas vestimentas começa no jardim de infância.

Os italianos alegam que identificam estrangeiros de longe, não apenas pelo que vestem, mas como o vestem – se você reclama de que essa é uma vitória da forma sobre o conteúdo, eles vão lhe responder que o estilo faz parte do conteúdo. Assim, aparentar uma *bella figura* é importante tanto para o visitante como para o homem de negócios.

Isso significa que muitos problemas na Itália são vistos menos como questão de corrupção ou gestão ineficaz e mais como erro na apresentação. *Fare una brutta figura* é causar uma má impressão. Para causar uma boa impressão, é importante mostrar-se. As pessoas admiram a *ricchezza* (riqueza) e a *bellezza* (beleza). Exibir um rosto bonito para dissimular um mau desempenho é uma atitude bem-vista. Assim, grande parte da essência italiana se resume em apresentar-se bem, a exemplo de um cisne que desliza pela superfície de um lago, enquanto suas patas remam furiosamente embaixo.

FALA ESPALHAFATOSA

A Itália é tradicionalmente barulhenta. A vida nesse país é muito mais exposta ao público do que em outros lugares, e conversas particulares podem ser facilmente captadas nas praças e ruas. Além disso, há o barulho incessante dos carros e o buzinaço das motocicletas (*motorini*). As pessoas acabam se acostumando ao ruído das conversas ou dos comandos gritados misturados ao som do trânsito, mas, como o escritor inglês Tobias Jones observa em *The Dark Heart of Italy*, "depois de um tempo, os outros países começam a parecer misteriosamente quietos; mudos até".

Uma característica da Itália é a gesticulação verbal das pessoas quando trocam opiniões – inclusive críticas –, avivadas numa linguagem desinibida e grosseira. Tem-se a impressão de que a reserva e a reticência foram esquecidas, substituídas pela sensualidade e pela vivacidade, qualidade que o escritor inglês D. H. Lawrence chamou de "conhecimento intuitivo".

ORDEM E HIERARQUIA

O forte senso de formalidade e de hierarquia dos italianos, como Tobias Jones constatou, se reflete na língua. *Ciao*, o modo onipresente de dizer "Olá" e "Até mais", deriva de *schiavo*, que significa "escravo". Se você entra em qualquer loja em Veneza, o comerciante dirá *Comandi*, ou "Disponha (de mim)". Para fazer qualquer coisa na Itália, você precisa pedir permissão, *chiedere il permesso*, quer informalmente, quer pela concessão de um *permesso* (permissão). Assim, um problema geralmente necessita ser *sistemato* (sistematizado, resolvido). *Tutto a posto*, "tudo em seu lugar", não é talvez o que você naturalmente espera ser um ideal italiano.

Um aspecto da hierarquia é a deferência mostrada em relação às primeiras famílias italianas, *il salotto buono*, que administram as principais indústrias do país e têm imensa influência na política e nos negócios. Seguindo a queda dos italianos por apelidos, todos eles têm seus nomes públicos reduzidos: Gianni Agnelli, o dono da Fiat, era conhecido como *l'Avvocato* (o Advogado), Carlo de Benedetti, milionário da mídia e proprietário do *Repubblica*, como *l'Ingegnere* (o Engenheiro), e Silvio Berlusconi, ex-primeiro-ministro e proprietário da MediaSet, como *il Cavaliere* (o Cavalheiro) e *Sua Emittenza* (Sua Emitância, numa combinação irônica entre o título de um cardeal, Sua Eminência, e a ideia de um milionário da mídia popular cujas estações emitem noticiários).

O modo italiano é autoritário, de cima para baixo. Como explica um associado italiano de um escritório de advocacia internacional: "O sócio mais importante é Deus. Ele toma todas as decisões. Estou aqui para obedecer". Esse senso de hierarquia emana da Igreja, do Estado e da burocracia, e influencia tanto a vida pessoal como a social. Ele é reconhecido pelo *garbo*, por um senso de responsabilidade por vidas pessoais e também por uma tolerância quanto às fraquezas e aos erros humanos.

GARBO

Essa busca de ordem é sistematizada no vocábulo *garbo*, que pode ser traduzido por graciosidade, cortesia, educação e boas maneiras. Ele descreve a aptidão adquirida para acalmar ou tranquilizar em situações difíceis, geralmente pelo uso de uma linguagem elaborada.

Derivado do cumprimento árabe *Salaam Aleikum*, o *salamalecco* é a habilidade de usar uma linguagem subserviente, ou mesmo humilhante, para obter algo dos superiores. Para povos que estão acostumados a ser mais concisos, como os americanos ou britânicos, isso pode ser um desafio. Em contrapartida, os italianos tendem a ver esses povos como um pouco grosseiros e diretos. O modo cortês e expressivo das comunicações em italiano às vezes torna muito difícil entender qual o ponto essencial de uma conversação e ainda pode significar que as reais questões estão ocultas ou confusas.

RELACIONAMENTOS

Nas atividades empresariais e na vida social italiana, tudo depende dos relacionamentos e de quem você conhece. (Veja mais sobre isso no capítulo 8.) Em qualquer nível, o meio de obter acesso é ser apresentado por um amigo comum, um parceiro corporativo ou um conhecido. Essa *raccomandazione*, ou recomendação, é vital tanto nos negócios como na vida social. Ela não assegura necessariamente aceitação – que dependerá de suas próprias qualidades pessoais –, mas a garantia de que você fez o contato inicial e será tratado com consideração.

O outro lado da moeda é que seus colegas italianos esperarão de você contatos regulares, consideração e participação. A amizade precisa ser trabalhada – contatar alguém apenas nos momentos em que você precisa de ajuda ou tem algo para oferecer não é suficiente. Quando você tem amigos ou parceiros corporativos italianos, trata-se de um relacionamento familiar duradouro, não apenas de um encontro cordial de curta duração. Ser amigo de um italiano significa ser bem recebido não somente em sua família, mas também em sua comunidade.

CAMPANILISMO E A PIAZZA

Os italianos são pessoas com fortes raízes locais e dedicadas às suas comunidades. A *piazza* (praça) é o centro simbólico de uma cidade e o local reservado ao orgulho cívico. Aproxima-se desse conceito o *campanilismo* (literalmente, afeição ao próprio campanário), ou patriotismo local. Os italianos se identificam muito mais facilmente com suas regiões locais do que com um Estado amorfo, visto de modo geral como um explorador externo largamente operado pelos moradores do sul. Os italianos, em sua maioria, gostariam de morar e trabalhar perto do lugar onde nasceram. No entanto, milhares de italianos da Sicília e do sul emigraram para a região norte do país e para o exterior – Austrália e Estados Unidos. Todavia, não se esquecem de suas raízes, da cozinha, da história e dos dialetos locais.

O escritor Carlo Levi descreveu a Itália como um conjunto de milhares de países, e muitos italianos vivem e trabalham próximo de onde nasceram. As crianças vivem na mesma casa muito mais tempo que em outros países, e mais parentes moram na mesma cidade ou até sob o mesmo teto. A combinação de provincialismo e cosmopolitismo é uma das características mais atrativas da vida italiana.

Nas conversas, é importante avaliar a comunidade local – a respeito da culinária, do vinho ou das tradições, por exemplo – dos amigos ou parceiros corporativos. Se lhe servirem vinho ou *grappa* (conhaque) locais, você deverá expressar sua apreciação; a visita a um centro histórico favorito ou a um ponto turístico é uma honra, e receber um livro ou um suvenir da comunidade local é um presente para guardar com carinho.

Embora os italianos não sejam particularmente patrióticos no nível nacional, eles se identificam apaixonadamente com a cultura, a região, a cidade ou o vilarejo e a história locais. No começo, dizem-se venezianos, florentinos ou sicilianos, e só depois italianos. Uma instituição moderna que personifica o orgulho local é a dos times de futebol.

BUROCRACIA: O QUARTO ESTADO

As frustrações com o sistema burocrático italiano são outra razão para a desconfiança dos italianos em relação ao Estado. De acordo com Tobias Jones, a Itália se destaca muito mais por ser um país com um enorme contingente de pessoal administrativo do que pela religiosidade de seu povo. A burocracia tem enorme importância. O autor cita um recente estudo, que sugere que o italiano comum gasta dois dias úteis ao ano em filas e com o preenchimento de formulários. A burocracia no país consome tempo, é cara, exige grande número de documentos e é lenta, razão pela qual tem sido apelidada de *lentocrazia* ("lentocracia"). Isso se deve parcialmente ao longo histórico jurídico italiano. Outra razão é a politização do serviço público italiano e o fato de que empregos podem ser recompensas por serviços políticos. Um cargo no serviço público geralmente é intitulado *poltrona* (literalmente, poltrona), "um serviço fácil com um bom salário" – ou melhor, um trabalho para toda a vida.

Embora os empregos no serviço público sejam atualmente conquistados muito mais pelo mérito do que por contatos, chegar ao quadro de seleção pode exigir a recomendação de uma família importante.

A burocracia tem um peso tão grande na vida dos italianos que, assim como no Brasil, existe um profissional destinado a facilitar a trajetória das pessoas com a papelada. Um *faccendiere*, ou despachante, conseguirá para você os formulários, mostrará como preenchê-los e ficará nas filas por você. Qualquer italiano lhe dirá que, embora a maior parte dos problemas possa ser gerenciada, um pouco de astúcia ajudará muito. Compensa ser *furbo*.

SER *FURBO*

Uma preocupação recorrente dos italianos é conseguir derrotar o sistema: isso só pode ser feito por meio da falta de cumprimento até o último instante, na tentativa de encontrar meios de contornar leis e decretos, e geralmente sendo *furbo*, ou esperto. Ser *furbo* é agir exatamente ao contrário de como agem as pessoas que seguem estritamente normas ou atuam de acordo com regulamentos. Isso pode frustrar e até enfurecer os estrangeiros. Para um italiano, *ingenuità* não significa ser ingênuo, mas crédulo. O delito pessoal pode ser desculpado pela comparação com a corrupção que grassa em todos os níveis governamentais, no sistema jurídico e até na própria Igreja. Essa desconsideração descarada por restrições legais indica que a única coisa em que você pode confiar é na rede de lealdade pessoal, que, sozinha, é a base da confiança absoluta.

Ser "esperto" significa cuidar de si mesmo, de sua família e de seus amigos, o que ajuda a entender a atitude arrogante dos italianos diante de faróis de trânsito, faixas de pedestre, transeuntes que cruzam as ruas distraidamente, placas de proibido fumar, limites de velocidade e até em relação ao uso de cintos de segurança nos carros. (Quando a Itália introduziu a regra de que os cintos de segurança seriam obrigatórios, Nápoles desenvolveu um comércio aquecido de camisetas com um cinto de segurança estampado.) Apenas as regras referentes a jantares e ao modo de se trajar parecem ser estritamente observadas.

CONCLUSÃO

Os valores essenciais que supostamente distinguem os italianos são sua cumplicidade à amizade e à lealdade pessoais diante de qualquer compromisso com leis e regulamentos universais instituídos pelo Estado; além disso, há um forte comprometimento com a comunidade local eventualmente contra esse Estado. Como vimos, os italianos podem ser italianos para os estrangeiros, mas, entre eles, são florentinos, venezianos, milaneses, romanos, napolitanos ou sicilianos. Ao sustentarem hábitos, instituições e tradições locais, eles criam o mosaico rico e variado da vida italiana, que possibilita ao estrangeiro desfrutar as diferenças de Veneza e Roma, apreciar as criações artísticas das escolas florentinas e venezianas do Renascimento italiano, e muito mais. Os próprios italianos valorizam sua cultura e suas tradições locais, quer na culinária, no vinho, na arte, na arquitetura, na música ou no cinema.

Capítulo **Três**

FESTIVIDADES E TRADIÇÕES

A Itália é predominantemente uma nação católica. Ainda que a frequência nas igrejas tenha declinado drasticamente nos últimos anos, pesquisas mostram que 80% da população acredita em Deus, e a *Famiglia Cristiana* ainda é a revista mais lida no país. Atitudes católicas que destacam a importância da família ainda contam enormemente.

O poder dos bispos locais e do Vaticano, embora não declarado, é imenso, e, mesmo se as pessoas adotam uma postura anticlerical, ainda estão muito cientes da influência "da Igreja" de um modo que foge um pouco do entendimento dos protestantes.

No entanto, o puritanismo que acompanha a crença presente em outros países cristãos está totalmente ausente na Itália. "Todos somos pecadores", dizem os italianos, de modo que os pecados leves, como a evasão fiscal (admitida por 90% da população), os milhões de habitações construídas de forma ilegal, sem cumprimento das regulamentações governamentais, e as questões extraconjugais, são todos reconhecidos extraoficialmente como parte da vida italiana.

Os italianos celebram feriados nacionais cristãos e não cristãos, embora em menor número do que nos demais países de tradição latina. Dotados de sólidas tradições locais e regionais, também comemoram feriados locais. Cada cidade ou vilarejo tem seu próprio santo como patrono. Assim, no dia de cada santo, poderá haver tanto uma comemoração como um feriado. Confira na prefeitura ou na secretaria de turismo local antes de visitar as localidades. Se um feriado cai no meio da semana, os italianos procuram "emendar" (*fare un ponte*), não trabalhando também no(s) dia(s) intercalado(s) que restou(aram) na sequência.

FERIADOS NACIONAIS ITALIANOS	
Data	**Feriado**
1º de janeiro	Ano-Novo
6 de janeiro	Dia de Reis
março/abril	Segunda-Feira de Páscoa
25 de abril	Dia da Vitória (Segunda Guerra Mundial)
1º de maio	Dia do Trabalho
2 de junho	Dia da República
15 de agosto	*Ferragosto* (Assunção da Virgem Maria)
1º de novembro	Dia de Todos os Santos
8 de dezembro	Imaculada Conceição
25 de dezembro	Natal
26 de dezembro	Dia de Santo Estêvão

CELEBRAÇÕES DURANTE O ANO

Natal

O nascimento de Cristo é uma das duas maiores festividades da liturgia católica, sendo celebrado em casa. Montam-se pinheiros nas praças principais, ornados de fitas vermelhas e outros motivos decorativos; pastores das montanhas de Abruzzo tocam gaitas de foles nas ruas romanas, e o centro histórico de Nápoles recebe uma multidão em busca de enfeites tradicionais para os presépios natalinos. É a época perfeita para visitar cidades entupidas de turistas, como Roma, Florença e Veneza. Embora os italianos normalmente deixem as grandes cidades para passar o Natal com a família, a tradição de comer fora continua, de modo que é possível compartilhar a atmosfera de uma verdadeira ceia familiar natalina.

Se você está em Roma nesse período, a Missa do Galo celebrada no Vaticano no Dia de Natal é um grande evento. Depois que o papa a celebra, auxiliado pelos cardeais, ele se dirige aos fiéis na praça em frente à Basílica de São Pedro, franqueado por uma formação de *carabinieri* (guardas) e pela Guarda Suíça do Vaticano.

Ano-Novo e Dia de Reis

Enquanto o Natal é uma data para se passar em casa, com a família, a véspera de Ano-Novo é uma festa para ser compartilhada com amigos.

Para os italianos (da mesma forma que para os espanhóis), outra importante festividade é a Noite de Reis, data em que os três reis magos visitaram a manjedoura de Cristo em Belém.

Na véspera de Ano-Novo, há o costume de descartar objetos que não se desejam mais em casa. Portanto, essa data é uma ótima ocasião para as pessoas recolherem na rua objetos de boa qualidade dispensados – é possível encontrar todo tipo de coisa, desde um sofá de couro seminovo a uma bolsa Gucci da última coleção.

Do mesmo modo que tem o Papai Noel (conhecido por *Babbo Natale*, em italiano), a Itália tem a *Befana*, uma pequena e velha senhora, feia, mas inteligente, que enche as meias de balas e doces no Dia de Reis.

Páscoa

Segunda maior festividade da Igreja Católica, a Páscoa celebra a morte e a ressurreição de Cristo. Apesar de o Natal ainda ser a celebração mais difundida entre o público, do ponto de vista religioso, a Páscoa é a data mais importante.

Embora o feriado público oficial seja na segunda-feira de Páscoa, muitos italianos tiram toda a Semana Santa, ou *Settimana Santa*, para descansar. Por toda a Itália, são realizadas procissões e encenações da Paixão de Cristo. Uma das mais antigas é em Chieti, no Abruzzo. Em Taranto, em Puglia, na Quinta-Feira Santa, há uma procissão do *Addolorata*, e na Sexta-Feira Santa são carregadas pelas ruas da cidade estátuas que exibem a Paixão de Cristo. Em Piana degli Albanesi, próxima de Palermo, na Sicília, a

Páscoa é comemorada com ritos bizantinos, e mulheres com trajes do século XV distribuem ovos de Páscoa.

Na Sexta-Feira Santa, realiza-se a procissão da *Via Crucis*, em que todas as estátuas e pinturas votivas nas igrejas são cobertas de preto, para marcar o início da festa de Páscoa. Muitos católicos praticantes ainda se privam de algo durante a Quaresma (doces, cigarros, comer carne às sextas-feiras). O sábado de Páscoa é um dia "normal" – as verdadeiras comemorações ocorrem no domingo, quando se descobrem as estátuas, enfeitam-se as igrejas de flores e ouve-se o repicar dos sinos. O dia de Páscoa é celebrado com uma farta refeição em família, e a segunda-feira é de descanso.

Dia da Vitória (25 de abril)
Essa data comemora o fim da ocupação nazista em 1945. É marcada por desfiles nas ruas e pelo depósito de coroas de flores nos memoriais de guerra italianos.

Dia do Trabalho (1º de maio)
O Dia do Trabalho é celebrado em algumas cidades italianas com desfiles organizados por sindicatos e partidos políticos.

Dia da República (2 de junho)
Essa data comemora a fundação da República da Itália, em 1946.

Dia de Todos os Santos (1º de novembro)
O Dia de Todos os Santos venera o amor e a coragem de todos os mártires e santos cristãos. O

dia seguinte (Finados) é tradicionalmente o dos mortos, quando as pessoas vão aos cemitérios para depositar coroas de flores nos túmulos das famílias.

Imaculada Conceição (8 de dezembro)
A celebração da Imaculada Conceição, a exemplo da Assunção, demonstra a grande reverência da Igreja Católica prestada à Virgem Maria. A festividade comemora a pureza da Virgem, que deu à luz o Filho de Deus, por meio do Espírito Santo, sendo marcada por missas e procissões.

FÉRIAS ANUAIS
Todos os anos, os italianos tiram um mês de férias, e esse período normalmente cai em agosto, quando a maior parte das empresas familiares fecha as portas – exceto as que lidam com o turismo, que tendem a tirar férias no período do Natal e do Ano-Novo. Assim, se você estiver visitando as principais cidades nessa época, não fique surpreso caso algumas atrações turísticas estejam fechadas. Embora agosto seja o mês oficial de férias na Itália, já ocorre uma relativa parada das atividades em julho, como preparação para esse período, continuando lentas até setembro, quando retomam o ritmo normal.

Um período particularmente popular para as férias dos italianos é a semana em torno de 15 de agosto (a festividade de Assunção da Virgem Maria), conhecida como *Ferragosto*. Muitas lojas e restaurantes fecham as portas desde essa data até o início de setembro, conferindo às cidades italianas um ar estranhamente desértico.

FERIADOS LOCAIS

Um dos resultados inesperados do *campanilismo* (forte senso de identidade local) é que os dias dos santos locais geralmente passam a ser feriados locais não oficiais. Em Parma, por exemplo, 13 de janeiro é o dia de são Hilário, o padroeiro da cidade, sendo decretado feriado nessa data.

Na capital, Roma, os feriados locais são 21 de abril (que celebra a fundação da cidade, por Rômulo) e 29 de junho (dias de são Pedro e são Paulo, os padroeiros da cidade).

A Itália tem muitos feriados locais, mas os dois mais famosos internacionalmente são o *Carnevale* (Carnaval) e o *Palio* (Festa do *Palio*), da cidade de Siena.

CARNEVALE

Uns dez dias antes da Quarta-Feira de Cinzas, muitas cidades patrocinam carnavais como o último sopro antes da Quaresma, o período de seis semanas de jejum e abstinência que terminam com a Páscoa. O mais famoso é o de Veneza, com seus bailes de mascarados, suas procissões de gôndolas e seus convites para uma licenciosidade geral. Muitas celebrações italianas remetem à época medieval e são realizadas com *revivals* de feiras, esportes a cavalo e trajes medievais.

O dia anterior à Quarta-Feira de Cinzas é conhecido por *Martedì Grasso*, quando venezianos e visitantes se fantasiam com a *bautta* (um capuz e uma capa) e o *tabarro* (um manto), além de um chapéu de três chifres e uma máscara branca decorada. Essa fantasia permite que as pessoas circulem incógnitas. Nem todas se fantasiam, mas Veneza está repleta de butiques prontas para o evento e com um bom estoque de roupas para lhe vender. Você vai se divertir muito mais caso se junte aos participantes.

O *PALIO*

Um dos mais famosos *flashbacks* dos tempos medievais é o *Palio* (literalmente, estandarte) de Siena, quando homens dos diferentes distritos da cidade montam e cavalgam velozmente sobre o pelo nu de cavalos de corrida em torno da praça central. O evento inclui um desfile em que alguns fãs, em trajes medievais, abrem alas para os participantes. Essa festa é realizada duas vezes ao ano, em 2 de junho e 16 de agosto, e é o clímax de cinco dias de ensaios e meses de preparação.

Na Idade Média, cada um dos dezessete *contrade*, ou distritos, de Siena contribuía com uma milícia local para defender a cidade contra Florença. Com o passar do tempo, seus papéis administrativos foram perdendo a força, mas sua influência social cresceu. O *contrada* (distrito) atua ainda como cartório e registra batismos, casamentos e óbitos; muitos moradores relutam em casar fora desse sistema. O objetivo original da festividade era o de agradecer à Madonna, mas se trata realmente de uma competição entre os distritos, e cada equipe empunha sua bandeira e vem com suas próprias cores. A corrida em si não dura nem noventa segundos, mas é precedida por aproximadamente três horas de paradas e representações teatrais com fundo medieval.

O distrito vitorioso é premiado com o estandarte (*palio*). Em seguida, cada time vai para seu próprio distrito para um almoço de comemoração, disposto em longas mesas, em ruas secundárias e vielas.

DIAS SANTOS

Os italianos geralmente celebram os dias com seu nome. Um dia do nome (*onomastico*) é a data festiva do santo de quem a pessoa herdou o nome. Assim, os homens chamados Antônio vão comemorar o dia dedicado a santo Antônio de Pádua, e as mulheres chamadas Francesca, o dia dedicado a são Francisco de Assis, podendo talvez até tirar o dia de folga e desfrutar uma refeição comemorativa com os amigos e a família.

Não estamos dizendo que os italianos não são trabalhadores árduos ou que não apreciem o trabalho duro dos outros. Mas trabalho pesado é válido para determinado propósito ou para concluir um serviço específico feito dentro do tempo do padrão requerido. Os viciados em trabalho não são muito bem-vistos.

SANTOS

Uma pessoa que reconhecidamente teve uma vida santa, ou que teve uma morte notável (martírio na defesa da fé, por exemplo), pode se tornar um(a) santo(a) na Igreja Católica. A formação e a vida do potencial santo são submetidas a um exame exaustivo – os milagres reportados devem ser cientificamente comprovados – e, se aceito, o processo leva, primeiro, à beatificação e, posteriormente, à canonização pelo papa.

Padre Pio

Um dos mais importantes candidatos à canonização na Itália nos últimos tempos é o padre Pio (1887--1968), um sacerdote de San Giovanni Rotondo, nas montanhas de Gargano, na região sul de Puglia. Atualmente, esse é o ponto turístico mais procurado da Itália, com seis milhões de visitantes ao ano (ainda mais famoso que Lourdes, na França). Sua fama deriva de que, em 1918, ele se tornou o único padre católico a receber o *estigmata*, a aparição das chagas ensanguentadas da crucificação de Cristo nas mãos e nos pés. Durante sua vida e após sua morte, alega-se que ocorreram numerosos eventos fantásticos. O padre Pio foi beatificado em 1999, e agora espera a canonização.

COMPORTAMENTO NAS IGREJAS

Como muitas festividades são realizadas nas igrejas, que são também onde podem ser encontrados os mais magníficos trabalhos de arte, arquitetura e escultura, é importante saber como se comportar adequadamente em tais lugares. Primeiro, as roupas: em muitas igrejas, é considerado desrespeitoso uma mulher usar shorts ou top muito decotado, embora não seja mais necessário cobrir a cabeça (e os homens jamais devem usar boné). Assim, não circule dentro de igrejas com shorts, blusas de verão ou bonés. Você vai ver mulheres mais idosas com xales cobrindo-lhes a cabeça, como sinal de respeito.

Numa igreja católica, Deus está sempre presente na hóstia, mantida no relicário do altar principal ou numa das naves laterais. Sua presença é denotada por uma lamparina a óleo vermelha, que fica queimando. Você vai observar que muitos adoradores fazem uma leve reverência (dobram os joelhos) na entrada da nave que conduz até o altar ou quando a cruzam diante dele. Assim que você entra na igreja, há invariavelmente um recipiente encravado na parede ao lado da porta, contendo água benta. Os católicos praticantes normalmente mergulharão os dedos nele ao entrar ou sair da igreja e farão o sinal da cruz.

É importante lembrar que se trata de um local de adoração (em locais turísticos muito populares, pode haver uma área separada para as orações). Assim, convém manter um tom de voz baixo, calmo, além de comportamento respeitoso.

SUPERSTIÇÃO

Onde há devoção, há também superstição. "A Itália é uma terra cheia de rituais antigos, rica em poderes naturais e sobrenaturais", disse o diretor cinematográfico italiano Federico Fellini, "dessa forma, todas as pessoas percebem essa influência. Afinal, qualquer um que busca Deus o encontra... onde quiser."

Os italianos adoram superstições. Abre-se espaço para cartomantes na TV nacional, e astrólogos e adivinhos estão presentes em todos os lugares. As superstições, com frequência, são específicas de certas regiões, nascendo geralmente de mitos e crenças de camponeses locais. (Essa tendência é mais forte no sul do país.) O que elas têm em comum é a crença na sorte e no azar, além da presença de espíritos.

O *malocchio* (mau-olhado) é um elemento importante na superstição italiana. Estender o indicador e o mindinho, enquanto se mantêm os outros dobrados para baixo, supostamente afastaria a maldição que alguém lhe lançou. Algumas pessoas usam colares ou braceletes com um talismã na forma de chifre (*corno*) para espantar o mau-olhado.

Até um elogio pode invocar o espírito do mal. Se alguém elogia seu filho ou sua filha pequena, por exemplo, você poderá sentir que isso atraiu mau--olhado. Assim, os pais podem fazer sinal de chifres com os dedos indicador e mínimo sobre uma criança para protegê-la. Um modo de descobrir se alguém lançou uma maldição sobre você é derramar azeite na água benta – se o azeite se espalhar, é bom sinal, mas, se ficar coagulado, você terá problemas!

Uma série de superstições envolve a morte e os enterros. Por exemplo, conduzir o caixão pelo cemitério por um caminho e retornar por outro pode confundir o defunto. Portanto, evite fazer isso.

SORTE E AZAR

Para um país religioso como a Itália, pode parecer surpreendente ser considerado azar ver uma freira, e os italianos podem tocar no ferro (o equivalente deles para o nosso "bater na madeira") para espantar o azar.

- Ouvir o espirro de um gato é sinal de sorte, mas encontrar um pássaro dentro de casa é azar.
- As penas do pavão podem ser proibidas em casa, pois o grande olho circular da pena se parece com o "mau-olhado".
- Os crisântemos são usados somente para adornar sepulturas e estão sempre associados a funerais – não os leve de presente à sua anfitriã.
- O número de azar da Itália (não estritamente observado) é 17, pois equivale à soma das letras latinas VIXI, que pode ser interpretada como "Eu vivi" ou "Agora estou morto"! O 13, má sorte na maioria dos países de cultura ocidental, é considerado de sorte no país. No entanto, o 13 ainda é o número do azar para se ter em torno de uma mesa, e o 4 também é associado à morte.
- *Gnocchi* (nhoque) pequenos bolinhos de massa de batata arredondados. Comê-los no dia 29 de setembro traz sorte.

Pela mesma razão se costuma espalhar sal embaixo da cabeça do defunto no caixão. Também é comum colocar os objetos favoritos do morto no caixão, e, se algo foi esquecido, deve ser incluído no próximo enterro, pois com certeza os dois vão se encontrar algum dia no paraíso.

CONCLUSÃO

A Itália não abriga apenas festividades históricas e religiosas, mas também alguns dos mais importantes festivais de cinema, teatro e música. Você vai encontrar mais sobre esse tópico no capítulo 6.

Capítulo **Quatro**

FAZENDO AMIGOS

Os italianos estão acostumados com estrangeiros. Grandes contingentes de pessoas – peregrinos, poetas, mercadores, artistas, turistas e soldados invasores – entraram com êxito no país. No século XVIII e início do XIX, a educação dos jovens nobres ingleses não era completa sem um *grand tour* pela Europa, quando observavam atentamente os locais famosos que ainda hoje os turistas se acotovelam para ver. Veneza, por exemplo, tem cerca de 275 mil habitantes, mas oito milhões de visitantes ao ano!

XENOFILIA
De modo geral, os italianos são amigáveis e xenófilos. Essa condição descreve o gosto por todas as coisas estrangeiras e se manifesta no amplo uso de palavras estrangeiras, particularmente inglesas, nos noticiários e esportes. Não se trata de insuficiência linguística do italiano, mas do deleite em incorporar chavões de outras línguas e italianizá-los. Um treinador de futebol é *il mister*, por exemplo, e são comuns os termos *corner* (escanteio), *dribblando* (driblando) e *offside* (impedimento) nos comentários sobre o esporte.

CÍRCULOS FECHADOS

Formar círculos estreitos de amizade com italianos, no entanto, pode ser mais difícil. Eles são essencialmente locais, com extensivos e fortes vínculos familiares e regionais. Seus amigos próximos são aqueles que conheceram quando jovens, e esse estreito círculo permanece por toda a vida. De modo geral, não precisam buscar amigos de fora e têm dificuldades de entender como as outras pessoas não possuem suas próprias redes.

Fora das grandes cidades, pode ser difícil ser aceito na comunidade local. Quando o autor inglês Tim Parks e sua esposa italiana Rosa se mudaram para uma pequena vila nos arredores de Verona, o processo de aproximação foi gradual e lento. Ele descreve esse problema com humor e discernimento em seu livro *Meus vizinhos italianos*.

Antes mesmo de Tim chegar a conhecer seus vizinhos, ele ia ao *bar/pasticceria* (misto de bar e padaria) da vila, hábito que considerava essencial para qualquer pessoa que desejasse se integrar à vida italiana. Ele destaca que o *timing* é importante. Tudo tem seu tempo, e a medida de quão bem você está integrado é que você sabe quando pedir seu *cappuccino* (antes das 10h30), seu digestivo ou seu *prosecco*. Apanhe o jornal local (que todos os bares são legalmente obrigados a fornecer) para ter noção do que está ocorrendo na cidade.

Você, gradualmente, obterá progressos e será reconhecido. Uma pessoa o cumprimenta com a cabeça. Quando souberem de onde você é, poderão lhe pedir ajuda numa pequena tradução, por exemplo. Com o tempo você vai conhecer os outros moradores. O contato inicial pode ser formal, mas educado e amável; embora os italianos reconheçam a importância da hospitalidade, talvez prefiram manter certo grau de formalidade no início.

Fazer algum serviço ou ser útil aos moradores de seu prédio pode ajudá-lo a construir boas relações, mas lembre que o senso de privacidade dos italianos pode ser tão forte quanto o dos britânicos. Como observa Tim Parks, "se a casa de um inglês é seu castelo, a de um italiano é seu *bunker*".

Ao falar com italianos, a obsessão por saúde e médicos é um assunto comum. Temas como pressão arterial, consultas médicas ou exames são discutidos exaustivamente, muitas vezes até com pessoas nada próximas. A superioridade de todas as coisas italianas é adotada, como regra, pelos italianos, embora eles também mostrem um interesse considerável pela vida no estrangeiro.

A reserva inicial dispensada a estrangeiros aplica-se igualmente a italianos de "fora da cidade". Os cumprimentos que a esposa de Parks, Rosa, fazia, como *Buon giorno, signore* ("Bom dia, senhor") ou *Buona sera, signora* ("Boa tarde, senhora"), retornavam em forma de embaraço e silêncio até que, por fim, acenos com a cabeça de agradecimento eram acompanhados de um cumprimento em retorno.

A grande reviravolta, conforme Tim descobriu, foi quando sua esposa ficou grávida. Repentinamente, o casal não era mais suspeito, mas pessoas com um papel reconhecido na sociedade. Uma família distingue você como uma "pessoa séria", alguém que pode assumir responsabilidade. Essa é a razão por que colegas de trabalho italianos sempre perguntam sobre a sua família. Ela indica que você tem algo a perder, uma rede de apoio, um senso de responsabilidade. Isso lhe dá um senso de pertencimento que não é de modo algum refletido em sociedades como a americana ou a britânica.

COMPROMISSO

Como convém a um povo com redes de relacionamento e confiança próximas e de longa duração, os amigos estão sempre em contato mútuo, o que lhes dá um senso incrível de segurança. Mas, para as pessoas acostumadas a ter seu próprio espaço, isso pode se mostrar um tanto exagerado!

Seus novos amigos italianos o inundarão de convites, e todo fim de semana haverá algo para fazer. O lado negativo é que, sempre que for convidado para casamentos, aniversários e funerais, espera-se efetivamente que você compareça – a única folga é quando você deixa o país. Os italianos pressupõem que você mantenha contato constante.

O filósofo político Antonio Gramsci escreveu: "Mais do que se filiar a partidos políticos e sindicatos, os italianos preferem juntar-se a organizações de um tipo diferente, como 'panelinhas', gangues, *camorras* e máfias". Os círculos de amigos são exatamente como uma "panelinha" – que apoia, mas às vezes é um pouco inflexível.

Para um italiano, um relacionamento implica responsabilidades. Você simplesmente não entra ou sai de uma amizade quando lhe convém. Você está sempre dentro ou fora.

CIÚME

June Collins, uma professora solteira e atraente que trabalhava e morava na Itália, descobriu outro aspecto da simpatia italiana, baseado no sexo. Como Luigi Barzini afirma em *The Italians*, o país é um criptomatriarcado. São os homens que administram a Itália, mas as mulheres administram os homens, agindo com sedução. A mulher italiana é lindamente contida, e, ao que tudo parece, um tanto subserviente aos homens, particularmente em público. Para uma jovem escocesa como June, ávida por fazer amizades com mulheres como aquelas que conhecia em sua terra natal, Edimburgo, ela se sentiu um pouco incomodada ao descobrir que as outras professoras tinham receio dela. June estava acostumada a ser a mesma pessoa na companhia de homens, e ficou surpresa ao descobrir que as mulheres italianas pareciam ser mais submissas quando num grupo misto.

PODER

O segredo de qualquer estrutura italiana, diz Barzini, é quem detém o poder: a fonte definitiva de poder é a família. "A lealdade familiar", escreve ele, "é o verdadeiro patriotismo dos italianos." Isso explica por que um italiano pode se comportar formalmente com você no escritório, mas ser informal no ambiente doméstico. No lar, você é parte de uma rede diferente. Estrangeiros acham esse contraste contraditório, até mesmo decepcionante, mas os italianos não veem nenhuma contradição nisso. Os dois mundos são domínios completamente distintos. Qualquer território estrangeiro é hostil, até que a amizade ou o caráter inofensivo sejam comprovados. Se você não consegue ignorar ou adotar esse fato, então deve fingir que o aceita ou contorná-lo como puder.

CONVITES

Os convites para que você visite a casa de italianos são, portanto, uma etapa importante do desenvolvimento de um relacionamento, como é o caso dos convites para participar de eventos familiares, por exemplo, aniversários, dias dos padroeiros, casamentos e funerais. Se uma família o convida para ir a uma igreja, vá – ainda que não seja católico. Como o protestante Henrique de Navarra supostamente disse quando convidado para ser rei da França, na condição de que se convertesse ao catolicismo: "Paris vale uma missa".

ATO DE PRESENTEAR

Dar presentes em algumas culturas pode ser um terreno perigoso. O bom senso fará com que você se saia bem. Se convidado para ir a um lar italiano, uma boa ideia é levar chocolates embrulhados para presente, doces de massa ou flores. A Itália é um país que gosta de números ímpares. Assim, não dê um número par de flores. Evite também crisântemos, que são depositados nas sepulturas em funerais ou no dia 2 de novembro – Dia de Finados (conhecido por *Il Giorno dei Morti*). Broches, lenços ou facas sugerem tristeza ou perda, portanto evite-os.

CLUBES SOCIAIS

A maioria das principais cidades italianas tem clubes e organizações esportivas e sociais para estrangeiros, abertos a todas as nacionalidades. O American Women's Club, o Rotary Club, os clubes anglo-italianos e o Lions Club têm filiais na Itália. Eles podem ser um ponto de encontro genuíno para visitantes, pois oferecem uma gama muito ampla de atividades, além de matrículas de curto prazo. Muitos deles ainda organizam cursos de italiano. Assim, são um ótimo modo de conhecer pessoas (procure a secretaria de turismo local para obter mais detalhes).

BARES E VIDA NOTURNA

De modo geral, não é difícil conhecer italianos. Eles saem muito e são extrovertidos. A vida social gira em torno das praças, com seus bares e cafés, muitos com música ao vivo durante a noite. Há até *pubs* irlandeses no norte do país.

Para os italianos mais jovens, há uma cultura ativa de frequentar clubes noturnos. As discotecas geralmente são imensas, com edificações divididas em muitos andares, e cobram um preço alto na entrada, que normalmente inclui o primeiro drinque. Abrem por volta das 23h30. Pergunte em seu hotel ou verifique no jornal local quais são as melhores casas do momento.

Se você gosta de jogos de azar e aprecia pequenas apostas, vai precisar do passaporte para entrar num cassino. A entrada só é permitida para italianos que provarem estar empregados. É obrigatório o uso de traje de noite. Os cassinos ficam abertos das 14 ou 15 horas até cerca de 4h30 da madrugada. Tome cuidado para não confundir a palavra *casinò* (tônica na última sílaba), que significa cassino, com *casino* (tônica na segunda sílaba), que significa bordel.

CONCLUSÃO

A amizade é um dom, e os italianos são famosos por isso. Não há povo no mundo mais amável ou hospitaleiro, mas eles entendem que se deve trabalhar para manter a amizade – trata-se de um esporte de contato. O que vale são contatos regulares e, sempre que possível, reuniões presenciais. A geração de oportunidades para que as pessoas se ajudem mutuamente num mundo pouco acolhedor é parte importante desse conceito. O capítulo 5 mostra como a fé se traduz no cotidiano.

Capítulo **Cinco**

COTIDIANO

A vida dos italianos está enraizada na família e na rede de amigos familiares próximos. Como vimos, eles são os únicos em quem se pode confiar sempre. Essa atitude tem gerado uma visão realista e ligeiramente pessimista da vida.

NASCIMENTO

Na Itália, o nascimento de uma criança é um evento importante, não apenas para a família, mas para toda a vizinhança. À diferença da Inglaterra, em que as crianças tradicionalmente são "vistas, mas não ouvidas", na Itália, as crianças são celebradas. A primeira coisa que um pai italiano faz ao ter um filho é comprar um enfeite, azul para menino, cor-de-rosa para menina, e pregá-lo na porta da frente do quarto. A segunda é registrar a criança na primeira semana, no lugar onde o bebê nasceu, com duas testemunhas. Como vimos, os italianos nascem, vivem e morrem atados à burocracia.

O índice de natalidade do país atualmente é o segundo menor da Europa, com 1,26 filho para cada mulher em idade procriativa (comparado a 1,25 na Espanha).

Há indícios apontando que, desde a maior baixa de todos os tempos – de 1,18 filho por mulher em 1995 –, esse índice vem avançando gradualmente nas áreas central e norte mais ricas do país.

ENSINO

O calendário anual escolar vai de setembro a junho. O sistema educacional público é complementado por escolas privadas, as quais seguem uma grade curricular nacional. O ensino começa numa idade bem tenra: é obrigatório dos 6 aos 15 anos, mas qualquer criança pode ser matriculada no ensino infantil (*scuola dell'infanzia*) a partir dos 4 anos de idade. Dos 6 aos 11 anos, as crianças frequentam o ensino primário (*scuola primaria*). Aos 11 anos, elas devem tirar a *licenza elementare* antes de frequentar o ensino médio (*scuola media*), dos 11 aos 14 anos. Aos 14 anos, tiram o *diploma di licenza media*, um ano antes do fim do ensino obrigatório.

Entre os 14 e os 18 anos, os alunos têm uma quantidade considerável de opções. Podem optar por um *liceo classico* (especializado em um ensino humanístico tradicional), um *liceo scientifico* (estudos científicos), um *liceo linguistico* (línguas), um *liceo tecnico* (estudos técnicos) ou um *istituto commerciale* (comércio). Ou, talvez, possam preferir um ensino de artes em um *liceo artistico*, *istituto d'arte*, *conservatorio* (estudos musicais), ou em uma *accademia di danza* ou *accademia drammatica*.

Se quiserem iniciar o magistério, deverão frequentar um *istituto magistrale* ou *scuola magistrale*.

O tipo de escola não significa que serão excluídas matérias básicas, mas que serão dedicadas horas extras ao ensino das disciplinas nas quais a escola é especializada. O exame de *maturità,* aos 18 anos, permite o acesso ao ensino superior e ao *diploma di laurea* (nível de bacharel).

SERVIÇO MILITAR E FORÇAS ARMADAS
Todos os homens italianos estão sujeitos a dez meses de serviço militar obrigatório, embora, em 2005, planejava-se que essa regulamentação fosse gradualmente interrompida. No entanto, os convocados, em vez de servir ao Exército, podem optar pela prestação de serviços voluntários ou por trabalhar na Igreja Católica Romana.

As mulheres também podem entrar nas Forças Armadas, mas são impedidas de exercer funções como piloto da Aeronáutica, de servir em submarinos ou de participar do grupo dos *carabinieri* (guardas).

ENCONTRAR TRABALHO
A Itália tem um índice de desemprego relativamente alto, que oscila de 8% no norte a 21% no sul. Não há praticamente nenhum benefício estendido aos desempregados no país, e ascender profissionalmente pode ser difícil, mesmo para os graduados. Muitos estudantes saem da universidade e se matriculam em cursos vocacionais para aprender uma profissão. Um dos principais empregadores é a empresa familiar, onde, como vimos, filhos e filhas frequentemente assumem o

comando quando os pais se aposentam. Embora a Itália tradicionalmente fosse o país europeu com as melhores condições de emprego no longo prazo, mais de um quarto dos trabalhadores estão agora atuando por meio de contratos não muito longos.

Como na Inglaterra, um dos setores de mais rápido crescimento da economia na Itália é o da indústria de entretenimento e serviços. Por outro lado, todos querem se tornar um *statale* (funcionário público), cargo que oferece segurança no emprego, horas regulares de trabalho e uma aposentadoria mais precoce, custeada por uma pensão do Estado.

CASAMENTO

Os italianos, em sua maioria, moram na casa em que nasceram até se casarem. Não é raro encontrar pessoas na faixa dos 30 anos morando com os pais e até casais que

vivem com os sogros enquanto esperam encontrar uma casa ou apartamento convenientes para alugar ou comprar.

MORADIA

Nas cidades maiores, é comum os italianos morarem em apartamentos alugados, mas, nos subúrbios e nas pequenas cidades ou vilarejos, as famílias moram em casa própria.

Na Itália, a aquisição de moradias é um processo bastante difícil, e muitas pessoas esperam anos a fio

antes de poder mudar para a casa própria. Os apartamentos italianos são muito pequenos, sendo comuns os de dois banheiros, mas raros os de três quartos.

Os italianos dão grande importância à decoração e ao projeto, e não poupam esforços para deixar sua casa mais bonita. A utilização de mármore, madeira e pedras é comum. O país é famoso por sua cerâmica, que pode ser encontrada nos banheiros e nas cozinhas. Os banheiros normalmente têm uma privada e um bidê, e a máquina de lavar roupas em geral fica no banheiro, e não na área de serviço.

Quando os italianos se mudam, levam tudo com eles, exceto, literalmente, a pia da cozinha e talvez a banheira. Toda a mobília, inclusive os armários embutidos ou dispositivos elétricos e hidráulicos, têm de ser instalados, geralmente, por um marceneiro ou prestador de serviços. Todos os italianos conhecem aquele profissional "especializado" que podem recomendar. Os assoalhos italianos geralmente são de piso, e não acarpetados. Tacos de madeira são caros, normalmente reservados apenas para o quarto principal.

Uma característica interessante de muitas moradias italianas é o balcão do último andar, totalmente aberto, chamado de *loggia*. Outra é a *taverna*, no porão, uma espécie de salão de festas ou de jogos, usado para festas ou churrascos. Pode abrigar uma lareira, uma pequena adega e é mobiliada em estilo rústico. Encontrada nas casas mais modernas, a *taverna* é um retorno à tão procurada casa tradicional e pode ser o local onde os moradores do *condominio* se reúnem com amigos no feriado bancário de Ferragosto, em meados de agosto, ou na celebração do Dia da Vitória, em 25 de abril.

Alguns especialistas aconselham que, se você pretende permanecer no país por menos de cinco anos, é mais econômico alugar do que comprar, mas, mesmo assim, vale a pena considerar a compra de uma casa. Alguns estrangeiros compram uma unidade num *condominio* (condomínio), um grupo de apartamentos cercado de áreas ajardinadas e, talvez, uma piscina, cujos equipamentos e manutenção geral são compartilhados entre os proprietários. Se optar por isso, certifique-se sempre de que seu contrato lhe possibilite usar todas as instalações do prédio.

Especialistas sugerem também que, mesmo que eventualmente você pretenda comprar um imóvel, é melhor morar num lugar alugado durante pelo menos seis ou nove meses e, posteriormente, decidir pela compra nas piores condições climáticas do ano. Muitos estrangeiros já fizeram isso num outono e numa primavera amenos e se arrependeram por ocasião de um verão extremamente quente ou de um inverno gelado e úmido.

O mercado de aluguel imobiliário é bastante aquecido, com casas e apartamentos disponíveis em todas as categorias. Os imóveis geralmente não são mobiliados (*non ammobiliato*), e os aluguéis de imóveis mobiliados (*ammobiliato*) de longo prazo são raros. Algumas propriedades são alugadas com móveis, servindo como acomodações privativas onde há disponibilidade de serviços. Para obter recomendações detalhadas sobre a compra ou o aluguel de imóveis na Itália, consulte o *Living and Working in Italy,* de Graeme Chesters (veja Leitura recomendada). Um conselho que ele dá é que o pior período para se procurar apartamentos ou casas é entre setembro e outubro. Nessa época, os italianos estão de volta das férias, e a vontade de viajar se transfere para a busca de um novo lar.

COMPRAS

Os italianos adoram comprar alimentos frescos, e ir ao mercado é parte importante do cotidiano deles. O país se baseia no sistema métrico, e os produtos são comprados em quilos ou gramas. Há mercados permanentes, feiras de rua e mercados itinerantes, que geralmente vendem mais barato que as pequenas vendas (dependendo de suas aptidões para barganhar). Além de produtos agrícolas frescos, é possível comprar todos os tipos de manufaturados, inclusive roupas.

Na Itália não há tantos supermercados como na América do Norte ou na Grã-Bretanha, e correspondem a cerca de 6% do mercado de alimentação italiano, contrariamente aos 50% da França. As principais cadeias são Coop, Esselunga, Euromercato, GS, Pam, Standa e Unes. As pessoas levam as próprias sacolas para as compras (as sacolas plásticas geralmente são cobradas e não há uma política de "embalar os produtos e levá-los para casa").

Milão e Roma são os centros das grandes lojas de departamento italianas, das quais a mais famosa é a La Rinascente (www.rinascente.it), sem contar a Metro, a Standa e a Upim. Esses shoppings têm instalações para ligações internacionais, aceitam cartões de crédito, normalmente têm lojistas que falam inglês e podem muito bem ser mais cômodos para clientes estrangeiros do que as pequenas lojas locais.

As *saldi* (liquidações) ocorrem em janeiro, e em julho e agosto antes das férias de verão, mas mesmo nesses meses os preços podem parecer altos. (De modo geral, o "barato" italiano é o "caro" de outros países.)

Os trajes e equipamentos esportivos, as roupas infantis e os brinquedos também são caros, mesmo na cadeia de lojas para crianças Prenatal.

Se você está levando crianças para a Itália, vale a pena se certificar sobre o abastecimento dos alimentos favoritos delas. Pode ser que você não os encontre no país, pois a dieta das crianças italianas é um tanto diferente daquelas comuns em outros lugares.

Itens talvez difíceis de achar, ou caros, são chaleiras elétricas, edredons e lâmpadas de encaixe, sem rosca (só são vendidas lâmpadas de rosca no país).

Na Itália, segue-se o padrão de pinos arredondados de duas pontas de 220 V e 50 Hz. Os adaptadores telefônicos para conexão do modem podem ser diferentes, mas você pode comprar um pacote de multiadaptadores nos *free shops* dos aeroportos.

Horário comercial

As lojas normalmente abrem por volta das 8h30 e fecham em torno de 18, 19 ou 20 horas. Muitas lojas, especialmente no sul, fazem uma *pausa* (intervalo mais longo para almoço) e fecham entre 13 e 15 ou 16 horas. Vale sempre a pena conferir os horários de funcionamento. Para compensar as horas trabalhadas aos sábados, muitas lojas fecham numa tarde da semana; isso varia de cidade para cidade. Repito: a vantagem da maioria dos grandes shoppings e supermercados é que estão abertos todos os dias.

DINHEIRO E BANCOS

A Itália faz parte da Zona do Euro e, desde 2002, a lira não é mais a moeda oficial. Prevalece uma economia de dinheiro em espécie, especialmente fora das maiores cidades. Talvez cartões de crédito não sejam aceitos em todos os lugares, e é bom checar isso nas lojas e restaurantes das cidades menores, sobretudo nos vilarejos. A força do mercado negro na Itália também estimula as transações em dinheiro.

O importante é não confiar em uma única fonte de fundos: leve tanto dinheiro como cartões.

Carregue sempre seu passaporte como identificação e tome cuidado com a segurança pessoal. Os cheques de viagem são a forma mais segura de moeda, ainda que não sejam diretamente aceitos na maior parte de hotéis e restaurantes.

As cabines de caixas eletrônicos, chamadas Bancomats, estão disponíveis por meio das redes CIRRUS e NYCE, mas frequentemente estão sem dinheiro ou com problemas técnicos. Assim, se você precisa de dinheiro para o fim de semana, acesse-as nos horários apropriados. A maioria dos bancos italianos não aceita cheques emitidos por bancos estrangeiros, mas cheques de viagem e moedas estrangeiras podem ser trocados em bancos, estações e aeroportos internacionais.

Compensa consultar várias casas de câmbio, pois as taxas podem ter diferenças significativas. Aeroportos e máquinas de câmbio oferecem as piores taxas e as tarifas administrativas mais altas. Os bancos oferecem as melhores taxas, e os correios, as menores tarifas. Espere ambientes relativamente intimidadores, com portas de segurança giratórias e guardas armados.

O expediente bancário varia de acordo com a cidade, mas, de modo geral, vai das 8h30 às 13h30 e das 14h30 às 16 ou 16h30. Nas cidades maiores, algumas agências podem abrir das 9 às 12 horas aos sábados. É importante confirmar com antecedência.

Cartões de crédito

Os principais cartões de crédito aceitos na Itália são Mastercard, Visa e Carta Sì. Eles são menos populares que os de débito, mas, na condição de estrangeiro, seu cartão de crédito poderá ser muito útil.

Abertura de conta bancária
Você vai precisar abrir uma conta bancária se for morar na Itália durante um tempo. No entanto, esse procedimento não é tão simples. A maioria dos bancos só permite que o estrangeiro abra uma conta se estiver portando um certificado de residência (*certificato di residenza*). As coisas podem ficar mais fáceis se você consultar antecipadamente um banco italiano que tenha agências (*filiali*) no exterior, como o Banca di Roma (Banco de Roma), antes de sua chegada ao país. Há quem ache que a aproximação pessoal funciona melhor, portanto, quando na Itália, pode ser válido tentar ir com um amigo que já seja conhecido no banco.

Para abrir uma conta na condição de estrangeiro, você vai precisar dos seguintes documentos:
• passaporte;
• certificado de residência;
• comprovante de endereço na Itália, como conta de luz ou de telefone, ou contrato de aluguel.

Outros comentários úteis sobre bancos italianos é que emitir cheque sem fundo é ilegal, usar o limite do cheque especial sai muito caro, cheques pré--datados também são ilegais, e podem ser compensados no dia da emissão, independentemente da data. Você só pode sustar um cheque se o perder ou se for roubado, e deverá reportar o caso à polícia ou aos *carabinieri*.

MANTER A SAÚDE

Uma pesquisa recente mostrou que os italianos estão entre os povos mais saudáveis e de maior expectativa de vida da Europa, graças ao consumo de vinho tinto, de azeite e à dieta mediterrânea. Segundo relatório das Nações Unidas, os homens tendem a viver até 76 anos, e as mulheres, até 82.

As despesas com cuidados de saúde na Itália são baixas, da ordem de 6% do PIB, e os padrões dos hospitais, particularmente no sul, variam muito. Em compensação, os médicos e enfermeiros italianos estão entre os mais bem treinados do mundo, e a Itália tem a maior taxa mundial de médicos por habitante (um médico para 160 habitantes). Muitos dominam o inglês. Além disso, há um serviço médico para turistas, com profissionais fluentes em inglês (*guardia medica turistica*), e não custa nada pedir à embaixada ou ao consulado que lhe enviem uma lista desses profissionais.

Embora a Itália conte com um serviço nacional de saúde (o Servizio Sanitario Nazionale – SSN, instituído em 1978), alguns italianos contratam planos de saúde privados. Se você for morar na Itália durante um período, vale a pena fazer isso também. O SSN presta serviços médicos de emergência sem custo algum a turistas, independentemente da nacionalidade.

Se você está doente, pode consultar um médico de família (*medico generico*), ir a uma clínica médica (Azienda Sanità Locale – ASL) ou procurar o setor de emergência (*pronto soccorso*) do hospital local (*ospedale*). O hospital é indicado por uma placa com um H branco num fundo azul. Certifique-se de que você possui o cartão de seguro adequado, pois vão lhe pedir que pague antes de receber o tratamento. Se você está em Roma, tente o Salvator Mundi International Hospital ou o Rome American Hospital, ou, em Milão, a Milan Clinic, que conta com uma equipe de profissionais que falam inglês.

Se um médico local lhe prescrever medicamentos, você poderá comprá-los numa *farmacia*. Note que a palavra *droga* é reservada exclusivamente para narcóticos. Os vários ramos da homeopatia são populares na Itália, e os remédios geralmente prescritos por médicos e estocados por farmacêuticos. Você normalmente verá um sinal verde, onde se lê *Omeopatia*.

Tenha sempre os dentes cuidados antes de ir ao país. Há poucos dentistas em relação ao número de residentes, e poucos deles falam inglês. Além disso, os custos são muito elevados. Embora seja possível ser atendido por um oftalmologista do SSN na Itália, é mais simples consultar seu médico antes de viajar. Lembre-se de levar um par de óculos reserva com você, além de uma cópia da indicação do grau da lente para emergência.

As farmácias italianas são reservadas para medicamentos. Para cosméticos ou produtos de beleza naturais, uma loja que é bem representada na Itália é a Bodyshop.

Se você precisa de uma quantidade maior de remédios, leve um pacote deles consigo, pois, embora a marca possa ser diferente, o farmacêutico será capaz de reconhecer a fórmula. Os farmacêuticos italianos conhecem uma ampla gama de remédios ou tratamentos para certos tipos de doenças e podem aconselhá-lo nesse sentido.

Spas

Um dos prazeres dos italianos é o spa, ou *terme* ("termas"), que oferece não apenas banho de imersão em águas relaxantes, mas também hidroterapia e tratamentos de beleza. O turismo para tratamento de saúde é um grande negócio no país, e milhões de italianos vão todos os anos para os spas rurais, que somam lá mais de uma centena. Há spas no norte, próximo de Milão, na Toscana (Montecatini é um dos mais famosos) e também na ilha de Ischia, no sul. Não são muito caros, e, além disso, constituem um modo agradável de desintoxicar o corpo e esfriar a cabeça.

Capítulo **Seis**

ENTRETENIMENTO

COMER E BEBER

Comer e beber são atividades muito prazerosas para os italianos. Cada região tem o estilo e os ingredientes próprios de sua culinária. No norte, pimenta-do-reino, manteiga e arroz são os que predominam. No sul, temos pimentão, azeite e massas. No Piemonte, costuma-se polvilhar um pouco de trufa perfumada sobre o risoto. Na Ligúria se faz um molho para massas à base de manjericão moído e pinoles, chamado *pesto*; na Toscana, é possível comer carne de coelho com tomate, ou linguiças de javali; e, na Sicília, podem lhe oferecer as mais deliciosas sardinhas. Muitos desses pratos são preparados no dia, com ingredientes frescos comprados no mercado.

O regionalismo e a rica diversidade da Itália explicam por que há mais de dois mil nomes para a grande variedade de formatos de massas, e mais rótulos de vinho – ao menos quatrocentos – do que em qualquer parte do mundo. O país promove muitos festivais gastronômicos, chamados *sagre*, nos quais comidas locais ficam expostas para serem degustadas. Os festivais de vinho e trufa são muito populares. A agência nacional de turismo da Itália,

ENIT, publica um livreto sobre os festivais locais denominado *An Italian Year*.

Cultura de refeições

Na Itália, o café da manhã (*prima colazione*) normalmente é consumido às 8 horas e consiste de biscoitos ou croissants acompanhados de café forte ou chá. A principal refeição do dia é, de modo geral, o almoço (*pranzo*), que começa entre 13 e 14 horas e pode durar até três horas (dependendo da região), embora quem trabalhe em escritórios geralmente coma e deixe a mesa mais rapidamente. Se for degustada uma refeição muito pesada durante o almoço, a da noite poderá consistir de um lanche leve.

O jantar (*cena*) geralmente é servido por volta das 20 horas, mas pode ser mais tarde, como às 22. Se o provedor da família não almoça em casa, o jantar torna-se a refeição principal. As crianças tendem a ficar acordadas até tarde da noite, sem horários fixos para dormir. É servido pão – sem manteiga – e, de modo geral, vinho e água. Quando a família tem convidados, o chefe da casa serve a primeira rodada de vinho e pode propor um brinde (*brindisi*) e, em seguida, todas as pessoas se servem. *Salute* é "saúde" em italiano.

Uma refeição italiana completa é tão substancial e variada que confirma os dizeres *l'appetito vien mangiando* (o apetite cresce à medida que se come). Dois pratos principais são precedidos por uma entrada e seguidos por queijo, uma sobremesa e/ou fruta. A entrada, ou *antipasto*, geralmente é uma seleção de frios e legumes marinados. Melão e presunto Parma são dois antepastos populares.

O primeiro prato principal – o *primo* – é geralmente uma massa ou um risoto, ou talvez uma sopa (*minestra*). *Minestrone* é uma sopa de legumes.

O segundo prato principal – o *secondo* – terá carne ou peixe mais um legume cozido, geralmente servido separado, como acompanhamento (*contorno*). Os *contorni* (incluindo batatas) normalmente seguem o segundo prato, pois são considerados limpadores do paladar. As massas quase nunca são comidas como uma refeição isolada, exceto no caso da lasanha. Se você achar que uma porção completa de massa como primeiro prato é demais para você, peça uma *mezza porzione* (meia porção).

Ela pode ser seguida por queijos e frutas, depois sobremesa (*dolce*) e café. É absolutamente normal para os italianos beber vinho nas refeições, inclusive nas horas de trabalho. A água de torneira (*acqua semplice*) é grátis, mas a maioria dos italianos prefere água mineral (*acqua minerale*), gasosa (*gassata*) ou natural (*non-gassata*).

A conta (*conto*) inclui o imposto sobre serviço (IVA em italiano), uma taxa por *pane e coperto* (pão e couvert) ou uma taxa de serviço (*servizio*) de cerca de 12%. Esse valor não vai para o garçom, então, se desejar, adicione alguns euros a mais para ele. Em virtude da evasão fiscal na Itália, todas as lojas, restaurantes e bares são obrigados por lei a emitir um recibo (*scontrino*) para os clientes. Caso se recusem a fazê-lo, podem sofrer uma multa pesada.

Dar ou não gorjetas fica inteiramente a seu critério. Muitos restaurantes cobram taxa de serviço. Os italianos não gostam muito de dar gorjeta. Se derem, por um bom serviço, geralmente arredondam a conta para o euro mais próximo. Uma pequena gorjeta normalmente é dada para carregadores de hotel, porteiros ou camareiras. As tarifas de táxi podem ser arredondadas, e, se você compra uma bebida no bar, pode deixar uma moeda de pequeno valor para o *barman*, ao lado do drinque.

HORA DE RELAXAR

Quem opta por comer fora na Itália não deve ter pressa. O intervalo entre o *secondo piatto* (segundo prato) e os queijos e as frutas, seguidos pela sobremesa e pelo café, é um período para conversas relaxadas, que podem estender a refeição em mais de uma hora.

Os italianos comem fora com muita frequência, e há uma ampla faixa de estabelecimentos, todos claramente identificados. Um *ristorante* (restaurante) é geralmente a opção mais cara. Uma *trattoria* é um pequeno restaurante local, normalmente administrado por uma família e com preços razoáveis, que oferece cardápio limitado, mas comida excelente. Uma *taverna* ou *osteria* geralmente é mais simples e menos pretensiosa. Contudo, confirme o cardápio primeiro, pois o tipo de restaurante nem sempre é indicação de preço.

Os italianos preferem não frequentar hamburguerias, a menos que tenham filhos. A *pizzeria* (pizzaria) com forno a lenha é muito popular, assim como a *gelateria* (sorveteria). Para refeições rápidas, a *rosticceria* prepara carnes assadas, como espetos e pratos à base de galinha pré-cozida. Uma *tavola calda* é um modesto bar que serve pratos quentes. Uma *enoteca* (loja de vinhos) pode servir pratos simples para acompanhar os, normalmente, excelentes vinhos. Procure placas sinalizando *Cucina casalinga*: significa que a comida é caseira, simples, descomplicada, mas satisfatória. Evite o *menu turistico* ou o *menu a prezzo fisso* (menu a preço fixo), a menos que queira comer barato e rapidamente, pois o padrão geralmente é ruim.

Bebidas

Na Itália, é comum beber um aperitivo antes das refeições. Pode ser um vinho branco leve, tal como um Verdicchio ou um Prosecco. Ou, talvez, lhe seja oferecido um *spumante* (vinho espumante). Os vinhos branco e tinto (*vino bianco* e *vino rosso*) são servidos durante a refeição. O vinho pode ser pedido em garrafa (*caraffa*), quarto de litro (*quartino*), meio litro (*mezzo litro*) ou litro (*litro*). A maioria dos italianos prefere o vinho da casa (*vino della casa*), normalmente tinto.

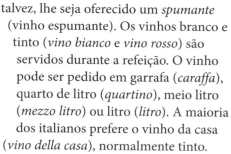

Depois da refeição, pode ser servido um *digestivo*, tal como conhaque, *grappa* (tipo de conhaque italiano) ou *amaro* (licor do tipo vermute).

A exemplo de muitos latinos, os italianos não bebem demasiadamente e preferem beber junto com a comida. Monsenhor Della Casa, em *Galateo*, um manual de etiqueta publicado em 1555, escreve: "Agradeço a Deus, pois, de todas as outras pragas rogadas contra nós que vêm das terras além dos Alpes, esse hábito muito pernicioso de fazer brincadeiras com a bebedeira, e mesmo admirá-la, não tenha nos atingido mais do que isso".

Ficar de pé ou sentado?
Se você está com pressa e quer apenas tomar um café rapidamente ou beber um drinque refrescante, entre num bar e beba de pé no balcão (*al banco*). É até três vezes mais barato que se sentar a uma mesa interna ou no terraço. Por quê? Porque, quando uma pessoa se senta, ela não paga apenas a bebida, mas um "ponto" onde possa conversar, escrever, ler ou ver as horas passarem. Não haverá pressão para que o cliente se retire, embora o garçom possa lhe perguntar se quer outro drinque.

Ainda que o consumo de álcool entre os italianos esteja entre os mais altos da Europa, ele está distribuído igualmente entre a população, e a maior parte das pessoas provavelmente bebe pouco mais que dois copos de vinho por dia. A ideia de beber para ficar embriagado é estranha aos italianos. Eles podem beber um copo de *grappa* no café da manhã, mas o álcool é realmente visto como um acompanhamento para as refeições.

Cultura cervejeira

Embora a Itália seja famosa pelos vinhos, os italianos também gostam muito de cerveja. As marcas locais mais conhecidas são Moretti, Frost e Peroni, servidas *alla spina* (tiradas como chope), *piccola* (pequena, 200 ml), *media* (média, 400 ml) e *grande* (grande, 660 ml). No caso dos refrigerantes, experimente a *granita*, uma bebida gelada para o verão nos sabores limão, laranja, hortelã, morango ou café.

Café e chá

Listados a seguir, temos os tipos de café mais frequentemente pedidos na Itália. (Observe que, se você pedir simplesmente um *caffè*, está indicando uma xícara pequena de *espresso*.)

Café

Espresso: xícara pequena de café preto forte (*doppio espresso* é uma xícara dupla desse café).

Caffè lungo: xícara pequena de café preto, mais fraco que o expresso.

Caffè corretto: café preto com adição de *grappa* (ou algum outro licor).

Caffè macchiato: café preto com um pouquinho de leite.

Caffelatte: xícara grande de café misturado com muito leite.

Cappuccino: café com uma camada mais espessa de leite espumante e cobertura de chocolate (os italianos só o bebem no desjejum ou até o meio da manhã).

Se você deseja um café descafeinado, peça *un decaffeinato* ou um *caffè Hag*, não muito consumido na Itália. Se você prefere chá, eles lhe servirão água com um saquinho de chá. Por lei, os bares e cafés italianos devem lhe servir um copo de água grátis, independentemente de você estar comprando algo.

ROUPAS

A Itália tem toda uma cultura bastante consciente de moda, e as mulheres italianas, em particular, provavelmente gastam grande porcentagem de sua renda em roupas e acessórios. Você é aquilo que veste, e as roupas são um símbolo de sucesso. As mulheres usam roupas comportadas, de bom corte, caras e elegantes. As gravatas e os ternos masculinos também devem ser bem confeccionados e modernos. Até as roupas casuais são refinadas e chiques. Lembre que a Itália, especialmente Milão, é um centro da moda europeia. Os códigos de vestimenta são relaxados, mas as mulheres italianas raramente usam shorts nas cidades grandes. Em igrejas, como dissemos, as pessoas poderão ser proibidas de entrar se estiverem usando shorts ou tops sem mangas.

VIDA AO AR LIVRE

Um dos grandes prazeres dos italianos é desfrutar a vida ao ar livre, pelo menos nos meses mais quentes do ano. Todas as cidades de maior porte têm mercados ao ar livre relativamente permanentes, e em cada vilarejo há um dia de feira livre.

O domingo na praia é um ritual familiar. Após horas de preparação, a família aparece na praia – a mãe levando a prole até o local escolhido. Como comenta Tim Parks, na Itália, apesar do individualismo, as pessoas tendem a fazer as mesmas coisas ao mesmo tempo, quer quando participam de um funeral, quer quando vão à praia em 18 de junho, com o fim do período escolar.

Uma característica do cotidiano, particularmente no sul, é a *passeggiata*, um ritual mais imperdível que a missa dominical. Jovens se reúnem perto da hora do jantar, e famílias inteiras, em suas melhores roupas, caminham de braços dados pelas ruas para verem e serem vistas.

Os italianos ainda apreciam acampar, e a Itália tem mais de duas mil áreas de acampamento, abertas principalmente de abril a setembro. São classificadas de acordo com as instalações, de uma a quatro estrelas; as melhores podem ter supermercados, piscinas e cinemas. Talvez você precise de um tíquete de *camping* internacional, que normalmente pode ser comprado nos próprios locais de acampamento.

> **Dica para os amantes de camping**
> Se você vai para uma área de acampamento, tente chegar lá pelas 11 horas da manhã. Se deixar para ir depois do almoço, talvez não encontre mais lugar.

FUTEBOL COMO MODO DE VIDA

Alguns observadores veem o futebol como a verdadeira religião italiana. Na Itália, o futebol é uma arte e descrito como tal tanto pelos comentaristas como pelos espectadores. Assistir ao time da cidade no domingo é um evento importante, e as vitórias da seleção nacional são celebradas nas manchetes dos jornais. Os principais times, como Juventus (Turim), Milan FC, Inter de Milão e Lazio (Roma), pertencem a figuras proeminentes do empresariado e da política e são símbolos do orgulho italiano, da mesma forma que a Benetton, Ferrari, Fiat, Armani ou Versace.

Com a mesma fluência verbal com que os italianos são afamados, dão-se apelidos aos jogadores. Marco van Basten é chamado de "o cisne", por exemplo, e o brasileiro Cafu é denominado de "o pequeno pêndulo".

Sob certos aspectos, a rivalidade entre os clubes italianos reflete a velha rivalidade entre as cidades--Estado medievais; o drama é representado em estádios espalhados pelo país por todas as semanas da temporada. Sente-se em qualquer café (chamado *bar*, em italiano) com um telão, aprecie a empolgação quando o time local marca um gol e compartilhe a tristeza quando eles perderem uma partida. A estratégia e as táticas são motivos de discussões intermináveis e apaixonantes.

PASSEIOS TURÍSTICOS

Há inúmeras atrações para os turistas na Itália, mas por onde começar? Uma boa ideia é visitar o escritório local do Comitê Nacional de Turismo (Ente Nazionale Italiano di Turismo – ENIT).

Ele tem sucursais em Londres e Nova York, bem como nos principais aeroportos e postos de fronteira italianos. A agência de viagem estatal CIT, ou CIT Italia (Sestante – Compagnia Italiana di Turismo), ainda fornece informações e tem um serviço de reserva de assentos em trens. Em cada uma das vinte capitais provinciais há uma secretaria de turismo local, chamada EPT (Ente Provinciale di Turismo) ou APT (Azienda di Promozione Turistica). O IAT (Ufficio Informazione e Accoglienza Turistica) e a AAST (Azienda Autonoma di Soggiorno e Turismo) fornecem mapas, informações regionais, detalhes do transporte público e horários de abertura das principais atrações turísticas na região. Os horários de funcionamento normalmente vão das 8h30 às 19 horas, de segunda a sexta-feira.

Um Call Center Nacional para turistas que falam inglês está disponível no 800-117-700. Ele fornece informações sobre cuidados com saúde, segurança, museus, acomodação, eventos e shows.

FESTIVAIS

Como vimos, a *festa* anual em qualquer cidade italiana é um evento importante e às vezes se prolonga por vários dias. Pode ser uma comemoração religiosa e também remeter ao Renascimento ou à era medieval: exemplos são as corridas de cavalos chamadas *Palio,* em Siena (2 de julho e 16 de agosto), a *Regata,* em Veneza (no primeiro domingo de setembro), e o *Scoppio del Carro* (a Explosão da Carruagem), na Páscoa, em Florença. Em três dias de junho, um dos quais é invariavelmente o dia 24, acontece em Florença um desfile de moradores vestidos com roupas do século XVI (*Calcio Storico Fiorentino*). Há também um feira movimentada de doces e brinquedos, do dia de Natal a 5 de janeiro, na Piazza Navona, em Roma.

MUSEUS E GALERIAS DE ARTE

Há cerca de setenta museus nacionais na Itália, e uma estimativa aponta que o país abriga a metade dos grandes tesouros de arte do mundo. Parte da razão para isso é o extraordinário florescimento da arte e da escultura na Itália renascentista, legado visível em igrejas, palácios e museus por todo o país. Quase todas as igrejas parecem ter sua obra de arte – e praticamente todas elas lhe cobram três euros para que entre e as descubra! Os museus geralmente fecham às segundas-feiras, para compensar as horas de expediente nos fins de semana, e, de modo geral, abrem de terça a sábado das 9 às 13 ou 14 horas (mais tarde nas grandes cidades), e aos domingos, das 9 às 13 horas.

Alguns locais bastante famosos talvez o levem a pensar que são supervalorizados: não seja dissuadido! As filas na Cidade do Vaticano podem testar sua paciência, mas o teto suspenso da Capela Sistina, assim que você entra por sua porta estreita, é maravilhoso. A Villa Borghese, em Roma, é preciosa, como o são a Accademia e o Museu de Arte Moderna Peggy Guggenheim, em Veneza, e o Uffizi, em Florença. Embora Veneza, Florença e Roma atraiam o maior número de turistas, vale a pena visitar também Nápoles, Palermo e cidades menores, como Pádua, Siena e Pisa.

Algumas galerias, como as da Villa Borghese, requerem reserva antecipada. As igrejas têm normas para o uso de roupas. Não são permitidos shorts ou ombros de fora, e pede-se aos visitantes que não fiquem circulando pelos cantos quando uma missa estiver sendo celebrada.

MONUMENTOS

Alguns dos monumentos mais bem preservados da civilização da Grécia antiga são encontrados no sul da Itália, conhecida como Magna Graecia (Grécia Maior), referência à época em que o país foi colônia grega. Os templos mais marcantes estão em Paestum (sul de Nápoles) e em Selinunte, Agrigento e Segesta, na Sicília. O anfiteatro em Siracusa é o maior do mundo.

Um dos meios mais memoráveis de captar a história da civilização da Itália é visitando a Igreja de são Clemente, em Roma, supervisionada por padres dominicanos irlandeses. A igreja, do século XI, no andar superior, exibe um magnífico mosaico romanesco e também uma pintura de parede renascentista e uma decoração barroca exuberantes. Na parte subterrânea, é possível visitar uma igreja do século IV, ornada com fragmentos de afrescos, um dos quais com a descrição mais antiga da Itália. Descendo ainda mais, a cerca de trinta metros abaixo do nível da rua, você se depara com uma pequena viela da Roma antiga, que conduz a uma casa de patrício do século I e a um templo mitraico.

Para reverenciar a glória do que foi a Itália romana, deve-se ir a Pompeia e a Herculano. Ambas as cidades foram enterradas pelas lavas vulcânicas do monte Vesúvio, em 79 d.C., e o local não fora escavado até 1750. E, sim, se você está em Nápoles, vale a viagem. A visitação em Pompeia fica aberta das 8 às 19h30, de segunda a sábado, e são necessárias três ou quatro horas para ver tudo.

MÚSICA E TEATRO
Não há escassez de casas de espetáculo nem de teatros na nação de Verdi e Puccini. A Itália abriga

uma série dos mais renomados espetáculos de ópera do mundo, e, se você fala italiano, é possível assistir a peças originais, como Pirandello e Dario Fo. A temporada de ópera vai de dezembro a junho, mas há também festivais de verão em teatros ao ar livre.

Um dos maiores eventos com concertos abertos é o imenso anfiteatro de Verona, datado do século I, conhecido como a "Arena", com capacidade de acomodar até 25 mil pessoas. Com todo esse gigantismo, a Arena é superada pelo Coliseu romano, que, nos anos dourados, conseguia abrigar cinquenta mil espectadores. A casa de ópera mais famosa é a La Scala, em Milão, e é possível comprar ingressos antecipadamente em www.musica.it.

Se você passear pela praça em frente ao Palácio de Doge, em Veneza, vendedores em trajes do século XVIII lhe fornecerão ingressos para shows de música barroca no estilo veneziano, realizados em salas de concerto no centro da cidade. Apesar das armadilhas a que todos os turistas podem estar expostos, a música geralmente é agradável e de qualidade. Você vai gostar ainda mais do *grappa*, no famoso Caffé Florian, no fim da noite.

A Itália também é famosa por seus festivais musicais. Um dos mais conhecidos é o Festival dos Dois Mundos, em Spoleto, em junho e julho. O festival italiano de cancioneiro popular, em San

Remo (Festival della Canzone Italiana), que acontece em fevereiro, equivale ao Grammy ou ao Brit Awards.

Exceto pelos festivais ao ar livre, todas as casas de ópera e teatros, bem como a maioria dos cinemas, fecham as portas no verão. O entretenimento migra para ambientes abertos, como banquetes, danças e músicas, em pátios de antigos palácios, e ópera, nos parques e anfiteatros das cidades. Essa é também a temporada para milhares de *festas*, ou festividades, regionais.

CINEMA

Na Itália, praticamente todos os filmes estrangeiros são dublados, e o cinema italiano tem grande tradição. A antiga casa de Fellini, na Via Marghera, em Roma, tem uma placa comemorativa do lado de fora, e foi nos estúdios cinematográficos romanos Cinecittà que foram criados os *spaghetti westerns* de Sergio Leone, que deram fama a Clint Eastwood. Nas maiores cidades, é possível encontrar pelo menos um cinema que exiba filmes originalmente em língua inglesa. O Festival Cinematográfico de Veneza, em agosto e setembro, é o mais antigo festival da indústria do mundo (fundado em 1932) e um evento muito importante do calendário internacional. O Leão de Ouro, de Veneza, é um dos prêmios mais prestigiados do cinema internacional.

Capítulo **Sete**

VIAGENS

"Quem já esteve na Itália", proclamou o escritor russo Nikolai Gogol para seu amigo Zhukovsky, "pode esquecer todas as outras regiões... Comparar a Europa à Itália é como comparar um dia cinzento a um dia ensolarado." Admirar o país é uma coisa. Viajar por ele pode ser uma experiência completamente diferente.

No século XVIII, quando viajar pela Europa no Grand Tour era obrigatório para os jovens nobres, a Itália era o destino onde eles aprendiam a ser "perfeitos cavalheiros". Uma viagem a Veneza, Florença, Roma e Nápoles era parte essencial da educação de um homem. O compilador do primeiro dicionário inglês da Grã-Bretanha, dr. Samuel Johnson, escreveu: "Um homem que jamais esteve na Itália está sempre ciente de sua inferioridade, por não ter visto o que se espera que um homem veja".

Há muitas coisas para se ver na Itália. Que tal saber por onde começar? A boa notícia é que as coisas melhoraram desde a época do Grand Tour. Não há mais bandidos assombrando quem tenta passar pelas montanhas, e o conselho dado aos turistas pelo *Guide to Southern Italy*, de Murray, em 1858, para "fazer barganhas com os proprietários de terra em sua chegada", já não é mais necessário. Contudo, os sistemas de transporte italianos podem ser duvidosos, e a grande qualidade que as pessoas precisam ter – como em tudo no país – é certo grau de flexibilidade.

VIAGEM AÉREA E ENTRADA NA ITÁLIA

Como a Itália é um país-membro da União Europeia e da Zona do Euro, qualquer cidadão europeu pode entrar livremente no país. Os brasileiros precisam de passaporte, mas não de visto (para permanência de até noventa dias).

Os principais pontos de entrada são os aeroportos Ciampino e Leonardo da Vinci (também conhecido por Fiumicino), em Roma, bem como os aeroportos Linate e Malpensa, em Milão.

A Alitalia e a ATI são companhias aéreas italianas que fazem voos internacionais e domésticos. O melhor modo de reservar um voo nacional é por meio de uma agência de viagens reconhecida, e há uma ampla faixa de tarifas com desconto nos voos nacionais e nos internacionais. (É importante pedir esses descontos; raramente são oferecidos na hora.) Para contatar a Alitalia ou a ATI pela internet, acesse www.alitalia.it.

REGISTRO NA POLÍCIA

Por lei, qualquer visitante não pertencente ao bloco da União Europeia e que permaneça mais de três dias na Itália deve se registrar na polícia. Os hotéis fazem isso para você automaticamente, mas, se você for se hospedar na casa de amigos, vai precisar se dirigir ao *Questura*, ao *Commissariato* ou à *Stazione dei Carabinieri* locais. Como vimos, em razão de haver muita burocracia no país, compensa levar um amigo italiano para ver se tudo flui mais facilmente.

Se você não for cidadão europeu e tiver de ficar na Itália por mais de noventa dias, precisará de um *permesso di soggiorno* (permissão de residência), dentro de oito dias após a chegada. As permissões são emitidas pelo *Ufficio Stranieri* (Departamento de Estrangeiros) ou pela *Questura* da polícia, sendo necessária uma carta oficial selada com o *bollo* (selo federal).

O ONIPRESENTE *BOLLO*

Uma parte importante da vida de qualquer pessoa na Itália é o *bollo*, um tipo especial de selo federal usado em postagens, afixado a documentos e a pedidos oficiais, atestando que a taxa administrativa em questão já foi paga. Os *bolli* são vendidos nas *tabacchi* (tabacarias), como o é também o papel legal especial no qual você deve apor sua solicitação formal. Este é chamado de *carta uso bollo* ou *carta bollatta*.

A complexidade e a perda de tempo de uma grande parcela da burocracia italiana geraram a criação de um grande número de agências (*agenzie*)

que se especializaram na obtenção do documento para turistas, comprando os selos necessários e ficando nas inevitáveis filas. Muitas pessoas consideram que a conveniência e a experiência desses serviços compensam o custo adicional.

RESIDÊNCIA

Essas agências são muito úteis quando da obtenção de um certificado de residência (*certificato di residenza*) e de um código fiscal (*codice fiscale*). Se você quer morar na Itália por qualquer período de tempo, o certificado de residência é essencial; esse documento será necessário para comprar um carro ou para pedir a conexão de linhas de gás ou telefone. O código fiscal é útil como documento de identidade e pode ser pedido em várias situações, como para ficar sócio de um clube ou para abrir uma conta bancária.

Para obter o certificado de residência, leve sua permissão de residência e sua carteira de identidade ao *Ufficio Anagrafe* e inscreva-se para ser registrado junto à *comuna* (municipalidade) local. Compre alguns *bolli* e leve-os com você para que o servidor possa afixá-los ao documento.

No caso do código fiscal, leve seu passaporte e a carteira de identidade ao escritório fiscal provincial, o *Ufficio Imposte Dirette*, que emitirá o cartão.

Com a série de documentos que os italianos comuns têm de portar, não é de surpreender que tenha sido nesse país que surgiram os pioneiros no ramo de maletas masculinas da moda.

TRANSPORTE PÚBLICO E PRIVADO

O sistema italiano de transporte público tem seus preços razoavelmente fixados pelos padrões europeus, mas é um pouco caótico quando assolado por greves. A Itália conta com um sistema de transportes públicos e privados. Esses últimos operam localmente em cidades menores e vilarejos afastados. O sistema ferroviário é essencialmente estatal e pode ser ineficiente, sofrer atrasos e ser tumultuado em virtude das greves, embora os trens modernos sejam extremamente confortáveis.

Trens

A ferrovia estatal é chamada *ferrovia statale*. Os horários de chegadas e partidas estão disponíveis em

www.trenitalia.com. Não residentes podem adquirir o Italy Rail Card, que dá direito a viagens ilimitadas por até um mês. Também há o Italy Flexi-card, para quatro, oito, doze ou até trinta dias. Ele é encontrado nas bilheterias de estações ferroviárias ou em agências de viagens.

Há uma gama de diferentes tipos de serviço ferroviário, todos com diferentes preços.

O Pendolino ETR 450 é um trem de velocidade de primeira classe, equivalente ao TGV francês. Parte principalmente da região de Puglia, passa por Roma e Milão, e os assentos devem ser reservados antecipadamente. O Eurostar (Itália), a exemplo do Pendolino, precisa de reservas antecipadas. O *espresso* (expresso) e o *diretto* (direto) cobrem distâncias locais, mas param somente nas principais estações. O *locale* (local) é um trem lento, com abrangência regional, que para por longos períodos nas estações – divertido se a pessoa dispõe de tempo.

Há uma grande variedade de descontos e bilhetes especiais e compensa perguntar em uma agência de reserva os que estão disponíveis. Se você compra seu bilhete no trem, há uma cobrança extra de 20%, e, se assentos reservados não são ocupados quando o trem parte, outros passageiros têm o direito preferencial de ocupá-los. Um ponto importante: é preciso "validar" o bilhete antes de viajar, picotando-o numa máquina na plataforma: se você não fizer isso, levará uma pesada multa.

A *Metropolitana*

Milão, Gênova, Roma, Nápoles e Palermo têm sistemas de metrô, embora as redes cubram somente parte das cidades. O transporte é barato e há, geralmente, um preço fixo para ônibus ou bonde. Como o bilhete é válido por mais de uma hora (por exemplo, 75 minutos em Milão e Roma, noventa minutos em Gênova), ele pode ser utilizado para mais de uma viagem. Exceto em Roma, esse benefício também se aplica em casos de baldeação entre ônibus e metrô.

Os bilhetes podem confundir as pessoas. As estações de metrô não têm bilheterias, e, portanto, os bilhetes devem ser comprados em bancas de jornal nas ruas principais ou próximas das estações. Procure um sinal grande indicando T para *tabacchi* (tabacarias). Podem-se comprar bilhetes unitários ou múltiplos (grupos de dez), e há ainda bilhetes diários e semanais.

Ônibus e ônibus de excursão

Você deve entrar num ônibus ou bonde pela parte de trás, pelas portas onde se lê *salita* (entrada). As portas do meio são utilizadas para sair do coletivo e têm a marca *uscita* (saída). Valide seu bilhete introduzindo-o no dispositivo amarelo ou laranja que fica lá dentro, depois de passar pela porta. Não espere se sentar no mesmo instante.

Os ônibus e bondes ficam lotados, e as crianças normalmente não se levantam se um adulto está de pé. Tome cuidado com batedores de carteira e esteja preparado para gritar *Permesso!* (Perdão) ou *Scendo!* (Descendo) quando chegar a seu ponto de parada.

Os serviços de ônibus de excursão são populares e baratos. As companhias de ônibus também oferecem passeios guiados, que abrangem várias cidades importantes. Por exemplo, é possível ir para Veneza, Pádua e Florença em um dia ou, no sul, a Roma, Nápoles, Pompeia e Sorrento. Fazer esses passeios pelas cidades é uma ótima maneira de conhecê-las quando você acabou de chegar ao país.

Táxis

Andar de táxi é comum na Itália, mas normalmente você não vai poder pegá-los quando estiverem rodando pelas ruas. Há pontos de táxi em praças e estações, mas o melhor jeito é telefonar de um hotel, restaurante ou bar. As tarifas são exibidas no taxímetro, mas há uma taxa extra se você carrega bagagem, está viajando após as 22 horas em domingos ou feriados públicos ou está fazendo uma viagem mais longa para fora da cidade ou até um aeroporto. Se preferir dar gorjetas, arredonde o custo da tarifa até o euro mais próximo.

Respeitar filas
Esse não é um costume italiano. Esteja preparado para usar um pouco os cotovelos ou ser carregado com a multidão, particularmente no sul. Até a recente implantação de um sistema de espera numerado, na maioria das repartições públicas as pessoas tentavam atrair a atenção dos servidores, pois cabia a eles decidir quem atenderiam primeiro. Ainda hoje, é necessário certo grau de assertividade.

Dirigir
E assim chegamos aos carros. O trânsito na Itália é um pesadelo. As pessoas dirigem velozmente, estacionam em espaços apertados e respeitam pouco outros veículos, animais ou pedestres. Até as faixas de pedestre raramente são respeitadas. Há um ditado italiano que afirma: "O sinal fechado é somente uma sugestão!" Ademais, há confusão generalizada de carros, ônibus e motocicletas, todos disputando espaço

nas ruas estreitas. Caminhar pelo *centro storico* (centro histórico) de Roma, no qual a passagem de carros é restrita, é uma delícia, e Veneza é um êxtase livre de automóveis. Outras localidades em que os motoristas devem deixar o carro fora dos limites do centro são as cidades montanhosas da Úmbria e da Toscana. Muito embora todas as cidades menores tenham zonas em que é proibido o tráfego de veículos nos centros históricos, essa restrição aumenta os congestionamentos nas cercanias.

Motoristas que entram na Itália, vindos do relativo sossego da França e da Suíça, podem ficar aturdidos pela intensidade e pelo aparente caos do trânsito. O país concentra a segunda maior porcentagem de proprietários de carros no mundo, atrás apenas dos Estados Unidos, e, como a maior parte das pessoas vive em edifícios altos, os carros estacionados bloqueiam ruas e calçadas. *Automobile* (com a tônica na terceira sílaba) é a palavra para "carro" em italiano, mas a maioria da população diz *macchina* (com a tonicidade na primeira sílaba; a máquina).

Florença e Nápoles são duas das piores cidades no que se refere aos congestionamentos. Felizmente, se você precisa passear por esses locais por outros meios que não seja a pé, há algumas alternativas.

Alugue uma scooter
Isso é o que os nativos fazem, e não apenas os jovens. Não é necessário ter carteira de motorista para um *motorino*, e, embora o uso de capacete seja exigido por lei, muitos o desprezam por limitar-lhe a

liberdade. Os pilotos de *scooters* geralmente cruzam a cidade em bandos.

Alugue uma bicicleta

Perigoso nas grandes cidades, o ciclismo é um esporte popular nos fins de semana. O local para praticá-lo é nas terras planas do baixo vale do rio Pó, em vilas provinciais e tranquilas, como Mântua ou Ferrara.

Alugue um carro

Há agências de aluguel de carros nas principais estações e aeroportos. As regulamentações estipulam que você deve ter no mínimo 19 anos, e há efetivamente uma lei dizendo que, a menos que você tenha carta de motorista há mais de três anos, não pode dirigir um carro que alcance velocidade maior que 150 km/h.

Dirigindo carros

Os italianos podem dirigir muito rápido, violando as leis de trânsito, mas têm uma consciência relativamente boa de segurança. Em geral, são excelentes motoristas, e o índice de acidentes na Itália não é absolutamente o maior da Europa. Talvez sejam voluntariosos, mas são também cuidadosos e temem danificar a pintura dos carros. No entanto, ignoram os limites de velocidade, a menos que identifiquem um radar ou um policial montado numa motocicleta. A regra geral consiste em "eu passo primeiro", e motoristas estrangeiros que demonstram extrema cortesia podem realmente causar acidentes.

Autoestradas: 130 km/h
Trechos urbanos de rodovias: 90 km/h
Rodovias de mão dupla: 110 km/h
Cercanias de áreas urbanas: 110 km/h
Áreas urbanas: 50 km/h

Os *carabinieri* (policiais) e os *polizias stradales* (guardas rodoviários) podem multá-lo no próprio local por excesso de velocidade. Você também pode ser multado por não portar seus documentos de trânsito ou os equipamentos exigidos internacionalmente, como o colete de segurança fluorescente ou o triângulo sinalizador vermelho, para o caso de avarias. O policial pode lhe pedir sua *patente* (carta de motorista), o *libretto* (documento do carro), a *assicurazione* (seguro) e a *carta verde* (*green card*, ou visto permanente). Compensa tirar uma carteira de motorista internacional antes de deixar seu país de origem, pois isso facilita o processo se você tiver algum problema.

Gasolina *(*benzina*)*

Há dois tipos de gasolina no mercado: com chumbo (*piombo*) e sem chumbo (*verde*). Exceto nas autoestradas, os postos de gasolina tendem a seguir os horários de lojas comuns (veja o capítulo 5) e fechar aos domingos. Para preencher essa lacuna, as bombas de autosserviço estão disponíveis nas cidades maiores. A maior parte dos postos não é automatizada, mas não é comum dar gorjeta aos frentistas. Nas bombas de diesel, há a indicação de *gasolio*.

Avarias

Nesse caso, você necessita de um *autosocorrso* (serviço de ajuda) e de um *autoservizio* (oficina de reparos). Telefone ao ACI (Automóvel Clube da Itália) para obter ajuda. O número de emergência para chamar a polícia, os médicos ou a ambulância é 113.

Estacionamento

Estima-se que um motorista italiano gaste sete anos de sua vida dentro de um carro, dois dos quais procurando uma vaga para estacionar. Nas cidades, é aconselhável estacionar onde for possível e prosseguir a pé ou em transporte público. Locais onde o carro pode estar sujeito a guincho são marcados por ilustrações e com a legenda *Zona Rimozione* ou *Rimozione Forzata*. Pedir a devolução do carro não é nada barato.

Tenha cuidado ao estacionar: se a rua estiver programada para ser limpa naquela noite, e seu carro estiver causando algum tipo de obstrução, ele será guinchado. Evite estacionar onde não há outros carros: outras pessoas podem saber algo que você não sabe. As ruas são limpas uma vez por semana, e há nelas uma placa indicando as datas e os horários.

Por último, um carro estacionado é um convite para os ladrões. Jamais deixe objetos à mostra no interior do veículo.

SINAIS DE TRÂNSITO COMUNS NA ITÁLIA	
Pericolo	Perigo
Alt/Avanti	Pare/Siga
Entrata/Uscita	Entrada/Saída
Rallentare	Diminua a velocidade
Senso unico	Mão única
Deviazone	Desvio
Lavori in corso	Obras na estrada
Limite di velocità	Limite de velocidade
Divieto di sorpasso	Proibido ultrapassar
Divieto di sosta	Proibido estacionar
Parcheggio	Estacionamento

Autoestradas

Há mais de seis mil quilômetros de autoestradas na Itália, a maior parte delas com pedágio. Uma placa verde com um A branco marca a *autostrada* (autoestrada), seguida por um número. Você compra um tíquete quando entra e paga quando sai dela. Se deseja pagar com cartão, o *Viacard* ou o *Telepass* são vendidos nas cabines de pedágios ou nos postos de gasolina próximos.

Clubes de automóveis

O clube de automóveis italiano é chamado *Automobile Club d'Italia* (ACI). Oferece um serviço de reparos que pode ser acessado discando o número 116.

Regras nas estradas

Você dirige pela mão direita e cede passagem aos carros vindos da direita em interseções ou rotatórias.

Por lei, é obrigatório portar um triângulo de segurança no porta-malas, além de todos os documentos do carro (licenciamento e registro do veículo). Também é necessário ter um kit de primeiros socorros e luzes de advertência extras.

As passagens de pedestre geralmente são ignoradas, mas o policial o multará no local se uma criança entre 4 e 12 anos não estiver usando cinto de segurança. As crianças menores de 4 anos devem estar usando cintos de segurança especiais, caso contrário, poderá ser lavrada uma multa pontual. Os motoristas geralmente alegam inocência na tentativa de pagar menos. Se você não tem condições de pagar a multa na hora, tem uma tolerância de dois meses para regularizar a situação.

Comprar um carro

Para comprar um carro, você vai precisar de seu *codice fiscal* e ser registrado como morador. Para completar as transações, precisará acompanhar o vendedor até o ACI (*Automobile Club d'Italia*) local. A transferência de propriedade é conhecida por *trapasso*. As primeiras despesas nessa negociação serão o seguro e a taxa rodoviária. Para carros com mais de três anos de uso, será necessária uma vistoria (denominada *revisione*), feita posteriormente de dois em dois anos. Os carros recebem um *bollino blu* (selinho azul) para indicar que estão regularizados.

Dirigir na Itália

Dentro da UE, estrangeiros podem dirigir o próprio carro por até doze meses. Pode ser mais barato, e

consumir menos tempo, comprar um carro no país.
Importar o próprio carro é caro e complicado.

Carteira de motorista

Se você tem uma carteira de motorista da UE, é
possível utilizá-la na Itália por um período ilimitado
de tempo. Se você for morar no país, pode ainda
usar sua carteira da UE, contanto que ela seja
estampada em seu registro de veículo local ou na
filial da ACI para mostrar que você mora ali. Se você
tem um veículo maior que os de classe B, será
necessário obter uma carteira de motorista italiana.

Se você é cidadão não pertencente à UE, é
possível dirigir por até um ano com sua própria
carteira de motorista (embora você deva ter o
documento traduzido para o italiano). Todavia, para
evitar o exame de motorista na Itália, é necessário
pedir a habilitação italiana antes de terminar o ano
ou antes de obter uma permissão de residência.

Muitos motoristas estrangeiros adquirem uma
licença de motorista internacional todos os anos, em
vez de passar pelo processo de obter uma carteira de
motorista italiana, que pode demorar mais e
envolver muita burocracia. As carteiras de motorista
são obtidas pela *comuna* (comunidade) ou *município*
(prefeitura). Com a ajuda da tradução italiana de sua
licença de motorista, você preenche um formulário
especial, ou *carta uso bollo*, com o número adequado
de *bolli* (selinhos). Eles devem ser colados na *pretura*
(departamento de polícia) e levados ao município
com três fotografias do tamanho recomendado para
passaporte. Uma das fotos deve ser autenticada pelo
órgão municipal.

Você também vai precisar de um atestado médico (*certificato medico*). Ele começa com um formulário com informações médicas e um atestado médico em branco. O relatório médico é assinado por seu clínico geral, e o atestado, acompanhado de uma foto e de um selo, é levado à *Unità Sanitaria Locale* (USL) para que se faça um teste visual e se assine esse certificado.

Todos esses documentos são então enviados ao *motorizazzione civile* local com sua licença de motorista, uma fotocópia dela, uma ordem postal e outro selo. No total, é preciso obter cinco documentos para adquirir uma licença de motorista italiana. Felizmente, hoje tudo pode ser feito pela ACI.

Balsas

Os italianos têm orgulho de suas ilhas e lagos. Há cerca de 7.500 km de litoral e bons serviços de balsas. Duas das mais famosas excursões são de Nápoles até Capri e até Ischia. De Nápoles até a Sicília, por uma lancha veloz (*aliscafo*), o percurso demora cerca de cinco horas e meia.

Capítulo **Oito**

RECOMENDAÇÕES NOS NEGÓCIOS

Os industriários, intermediários e empreendedores italianos são produtores, promotores e vendedores muito hábeis e experientes em pensar internacionalmente. O *Il made in Italy* (fabricado na Itália) é uma marca de *design* e função de alta qualidade na moda, nos carros, na culinária, nas bebidas e eletrodomésticos. O "milagre econômico" dos anos 1950 transformou grande parcela das empresas italianas ao promover o avanço das empresas familiares.

No fim da década de 1980, a Itália alegava ser a quinta maior economia do mundo, atrás da Alemanha, da França, do Japão e do Estados Unidos. No entanto, esse número pode ser ainda mais elevado – estima-se que um terço da economia é dominado pelo chamado mercado negro, não reportado em estatísticas ou retornos das taxas.

NEGÓCIOS NA ITÁLIA

Os três setores da economia italiana são o Estado, os conglomerados e as empresas de pequeno e médio porte.

O setor estatal

O governo italiano ainda tem um papel direto muito forte nos negócios, apesar da privatização de empresas públicas nos últimos vinte anos, e os gastos governamentais em proporção ao PIB são os maiores da Europa. Um em cada cinco funcionários trabalha para o setor público, que responde pela maioria dos financiamentos de negócios.

Conglomerados do setor privado

O setor privado é dominado por várias famílias--chave que controlam indústrias importantes e têm interesses cruzados – Berlusconi, Agnelli, Pirelli e De Benedetti (o *salotto buono*). Seus conglomerados incluem nomes de casas internacionais, como Fiat, Benetton, Versace, Armani e Olivetti. São corporações de grande porte, mas que, com a aposentadoria a morte de seus fundadores, estão vendo a diminuição de seus interesses, e novas empresas com gestão profissional, tal como a Bulgari, estão seguindo seus passos.

Empresas de pequeno porte

A maioria das empresas, especialmente no norte, é de firmas familiares de pequeno e médio porte, cujo controle, após a saída dos pais dos negócios, é assumido pelos filhos ou pelas filhas. A produtividade delas é mais alta do que no setor estatal. Normalmente, pagam com dinheiro vivo, empregam familiares e amigos e terceirizam serviços para evitar bancos, sindicatos ou impostos.

Essas empresas atualmente enfrentam competições acirradas dos conglomerados, com seus rendimentos mais altos, menores custos e recursos para gastar em inovações tecnológicas. Outros obstáculos à competitividade são o baixo investimento em pesquisa e desenvolvimento e a ineficácia das instituições públicas. Noventa por cento de todas as companhias italianas são de empresas de pequeno e médio porte, com menos de quinze funcionários.

O *Mezzogiorno* (sul) começa exatamente ao sul de Roma (alguns dizem que chega a incluir essa cidade!). Os habitantes do norte são vistos como mais interessados em dinheiro, e os do sul, mais preocupados com o poder e a boa vida. O índice de desemprego é de 5% no norte, e 22% no sul. Os residentes do norte criticam os do sul por pegarem subsídios e concessões do Estado. Os do sul criticam os do norte por explorarem a mão de obra e desviar as economias para suas fábricas.

ESTRUTURA E ORGANIZAÇÃO CORPORATIVA

Uma empresa italiana é administrada por um conselho administrativo (*consiglio d'amministrazione*), sob o comando de um presidente (*presidente*). O diretor-geral (*amministratore delegato*) é responsável pelas operações da empresa, e os chefes de departamento (*direttori*) se reportam a ele. A Itália é um país onde as decisões são tomadas pelos executivos do topo da hierarquia. Você precisa falar com um diretor ou com o presidente para ver as coisas fluírem normalmente, e encontrar o executivo que toma as decisões em uma organização de grande porte com diversas filiais pode consumir muito tempo e ser muito desgastante. Os diretórios e organogramas de fluxo corporativos podem ser apenas "para inglês ver" e não refletem necessariamente as reais responsabilidades ou até as linhas de divulgação e transmissão de ordens.

As verdadeiras hierarquias são baseadas em redes de pessoas que construíram alianças pela organização. Departamentos diferentes terão estilos de gestão distintos, dependendo do chefe. Os atributos principais de um gestor são flexibilidade e pragmatismo. Isso indica que os gerentes italianos focarão na obtenção dos pontos essenciais sem se importarem muito com protocolos, regras e procedimentos, que podem ser ignorados.

FINANCIAMENTO E GOVERNANÇA CORPORATIVA

Os investimentos bancários em empresas iniciantes tendem a ser mínimos, e o financiamento-chave de investimentos geralmente provém de outras fontes. Os bancos não podem deter companhias comerciais. Se fornecerem financiamentos ou vendas de produtos bancários de curto prazo, não podem fazer empréstimos de médio prazo. Esses são os domínios das instituições de crédito especializadas em médio e longo prazo. Além do Banco da Itália (Banca d'Italia), que é o banco federal regulador, há vários bancos de penetração nacional com agências espalhadas pelo país, bem como muitos bancos locais específicos de uma cidade ou região. A Itália detém a maior taxa de poupança pessoal de toda a Europa.

No país que criou a contabilidade no século XV, os auditores preferem preparar demonstrativos financeiros que nem sempre correspondem aos valores contábeis das organizações. Muitas vezes, nos procedimentos devidos de diligência, é aconselhável a contratação de um auditor independente.

RELAÇÕES TRABALHISTAS

Os executivos italianos trabalham longas e flexíveis horas quando estão sob pressão. Geralmente chegam cedo ao trabalho e só vão embora tarde da noite.

Qualquer companhia italiana com mais de quinze funcionários tem um sindicato (*consiglio di fabbrica*), com o direito de monitorar planos de investimento e condições de trabalho.

Estima-se que cerca de 40% dos funcionários são sindicalizados, mais voltados aos problemas de alinhamento político do que propriamente aos de trabalho. Os principais sindicatos são o democrata-cristão, o comunista e o social-democrata – conhecidos, respectivamente, por CISL, CGIL e UIL –, mas há também pequenos sindicatos e comitês de trabalhadores responsáveis por um grande número de greves no setor público. Estima-se que 25% da força de trabalho italiana não seja regulamentada.

PLANEJAMENTO

As empresas italianas crescem com base na oportunidade e no risco, não no planejamento. Identificam e exploram um nicho sem uma análise de longo prazo. Isso significa que é difícil atingir acordos de *joint venture* com essa concepção. Há um viés contra estratégias assim. Os italianos buscam lucros consistentes no curto prazo.

LIDERANÇA

Na maioria dos países, um critério-chave para a liderança é a habilidade de tomar decisões. Na Itália, o principal critério é o poder, expresso como *autorità* (autoridade), *autorevolezza* (imponência) e *autoritarismo* (autoritarismo). Os mecanismos impessoais organizacionais têm pouca validade. Isso significa que a autoridade reside na pessoa em quem o chefe confia. Independentemente se um gerente é qualificado ou não, ele é alguém com quem o chefe pode trabalhar.

O papel do chefe

"Ele é o chefe, e eu sou empregado dele" era a visão de um associado italiano da parceria sênior em uma firma de advocacia de Milão. Como condiz com uma economia em que a empresa familiar é o modelo básico, o estilo de gerenciamento é imponente e autoritário. As decisões são tomadas pelos gerentes seniores e repassadas para as fileiras inferiores para implementação.

Embora o chefe (ou os chefes) tenha(m) responsabilidade limitada por políticas e decisões, espera-se que dedique um interesse humano por sua equipe. Deve também ser simpático (*simpatico*), carismático e criativo, causar boa impressão (*bella figura*), sem deixar de ser consistente e confiável.

Os chefes italianos devem liderar e aperfeiçoar a deferência. Os empregados são leais não apenas porque está em seus contratos, mas porque pessoalmente apoiam o chefe. De modo geral, os funcionários suspeitam da autoridade e desafiarão qualquer método de trabalho com o qual não concordem.

Uma parte importante da liderança entre italianos é a implementação e o controle. Dar instruções e passar procedimentos não bastam. É preciso conseguir consenso e obter acordos. A persuasão, a insistência e o seguimento são essenciais. Isso vai gerar criatividade, presença de espírito e trabalho duro. Mas também exige uma contribuição pessoal intensa.

A primeira coisa que se deve fazer quando se lida com uma empresa italiana é estudar a estrutura dos líderes, tendo em mente que o sistema formal talvez não reflita a verdadeira situação em termos de poder e tomada de decisão. O poder pode ser operado por clãs com base na família, no casamento ou nos bens. O melhor meio de descobrir quem é importante é estar preparado para se misturar, se socializar, e a todo o momento exibir seu lado humano. Fazer favores para as pessoas, ser charmoso e flexível são atitudes vitais.

A rigidez, a frieza e a burocracia não funcionam muito bem, assim como fazer tudo de acordo com as regras. O reconhecimento de que todas as pessoas têm suas pequenas fraquezas indica que os gestores italianos vão evitar falar num momento em que estejam com raiva ou dar lições de moral. Embora possa haver pressão para focar na atividade central, reconhecer que todos podem atuar nas diversas linhas envolvidas no negócio periférico talvez leve a coisas mais grandiosas.

Na condição de chefe, é importante demarcar uma linha cuidadosa entre compreensivo e acessível, e ficar muito próximo de sua equipe. Um chefe delegará funções a indivíduos confiáveis, mas não em termos de objetivos formais. Avaliações e descrições de funções raramente são implementadas. Os indicadores-chave monitorados são o fluxo de caixa, o faturamento e o lucro bruto.

O papel do gestor

A função de um gestor é demonstrar carisma para obter comprometimento pessoal dos funcionários quanto ao projeto em curso e ter estímulo e competência para implementá-lo. Sem isso, o projeto fracassa. Planos de ação e procedimentos não são muito eficazes.

As empresas multinacionais com gestores treinados no exterior conduzem os negócios de acordo com procedimentos internacionais. Em empresas familiares, particularmente na Toscana e na Emília-Romanha, que são dirigidas por pais, filhos e filhas, as negociações acontecem numa base mais pessoal. As hierarquias são construídas menos em claras responsabilidades e linhas de reportar a superiores e mais em alianças individuais. Os gestores italianos rotineiramente ignoram procedimentos e regras, depositando sua confiança na competência e na confiança das pessoas com quem escolheram trabalhar e em supervisões pessoais detalhadas da tarefa.

O planejamento estratégico é raro em empresas italianas. Os diretores sabem o que querem e como chegar lá. Se há um plano, ele não é divulgado. A principal habilidade dos gestores italianos é identificar oportunidades e lutar por elas.

As implicações dessa estratégia para o planejamento de *joint ventures* são óbvias. É necessária uma confiança pessoal profundamente sedimentada para um relacionamento bem-sucedido nos negócios, que só vai durar enquanto for rentável. Esse é o objetivo delineado para a formação de redes e contatos pessoais próximos. Os gestores de empresas não italianas necessitam aprender a conviver com isso e desfrutar a caminhada.

TOMADA DE DECISÕES

Num sistema de gerenciamento tão personalizado, é óbvio que a delegação por departamentos ou por um subordinado nomeado é improvável. A delegação é feita a indivíduos confiáveis, independentemente do cargo que ocupam na organização. As avaliações e os *feedbacks* são pessoais. Esse é o único ambiente em que são aceitas críticas pessoais. Pode ser difícil, numa organização italiana, conduzir avaliações formais. O alcance de objetivos será julgado por contribuições ao faturamento, ao fluxo de caixa e aos lucros.

Os italianos percebem que são bons na tomada de decisões intuitivas e vão reforçar seus instintos recorrendo amplamente a consultores. De modo geral, as decisões iniciais são tomadas rapidamente, mas, depois, sujeitas a discussões, podendo mudar. As conexões e os sentimentos pessoais sempre serão parte do processo de tomada de decisões.

Os gestores estrangeiros devem saber que basear decisões puramente em números ou planos de negócios, ou considerar decisões como totalmente certas ou totalmente erradas, não é o estilo de liderança italiano. Nesse aspecto, entra em jogo uma variedade de fatores, de ordem política, econômica e pessoal.

TRABALHO EM EQUIPE

As equipes operam no mesmo princípio que o processo de tomada de decisões – de cima para baixo, numa estrutura do tipo familiar. Palavras como família, obrigações mútuas e dependências recíprocas são efetivamente utilizadas na descrição dos membros de equipes. As equipes são formadas por especialistas que trabalham sob o comando do líder, selecionado com base na experiência e na idade, o qual deve desfrutar o respeito pessoal do grupo.

Dentro das equipes, as hierarquias são respeitadas e pode ser difícil para um novo jovem líder fazer com que sua presença seja sentida. Mais uma vez, o modelo familiar vem para resgatar. Os membros

mais velhos da equipe tornam-se "padrinhos" do líder mais jovem e dão-lhe conselhos sobre os procedimentos. Se isso não acontece, e o comprometimento da equipe não é alcançado, então poderá ocorrer o oposto. Os colegas mais experientes ou com mais idade farão todo o possível para minar o jovem líder, por meio de procedimentos ou outros dispositivos. Nesse caso, a única solução é demitir e pagar-lhes.

O ritmo do trabalho em equipe tende a se estabilizar, a voltar a ter satisfação por trabalhar em conjunto, com reuniões frequentes e interação. Não há fixação de horas nem estruturação exagerada de atividades, pois isso poderia reduzir a motivação. O ônus de cada membro da equipe é manter um bom relacionamento com os colegas. É importante não só mostrar entusiasmo pelo trabalho e ser sensível ao lidar com outras pessoas, mas também socializar com os outros membros, manter o bom humor e desenvolver uma atitude positiva. A lealdade é prioridade. Os times apreciam o apoio em relação ao planejamento e à busca de progressos. Embora os prazos possam ser vistos como fixos, são aceitáveis alguns deslizes.

MOTIVAÇÃO
Portanto, concluímos que as boas relações sociais são imprescindíveis para um motivador de equipes,

especialmente no sul. São comuns a lealdade à equipe e os apelos emocionais. Se, como gerente, você pode prover um objetivo que contribua para o sucesso de todo o grupo ao mesmo tempo em que ajude os indivíduos a atingir os próprios objetivos pessoais, então o sucesso será garantido.

A LINGUAGEM GERAL DA GESTÃO

A fluência de expressão é muito importante na gestão italiana, que conta com gestores normalmente bons falantes. Embora com um estilo autoritário, o tom, de modo geral, é amigável e pode ser bastante indireto. Os estrangeiros muitas vezes podem interpretar erroneamente a sutileza com que as declarações são feitas. Os italianos com frequência consideram que a linguagem utilizada por seus equivalentes americanos ou britânicos é, por comparação, grosseira e excessivamente direta.

FEEDBACK E DESACORDOS ENTRE GESTORES

Considerando todos os aspectos, os italianos não são indivíduos que adoram confrontos, mas podem contra-atacar com tudo se criticados diretamente. Eles são especialmente sensíveis a acusações de volubilidade ou desorganização.

Os retornos podem ser escritos no norte, mas é muito mais provável que sejam orais no sul. Uma característica essencial de dar e receber retorno é a pessoa ser capaz de perguntar sobre sentimentos pessoais e expressá-los. Assim, é importante que a reunião seja presencial no caso de desacordos. Os italianos acreditam que qualquer dificuldade pode ser resolvida com boa vontade. Os gestores italianos vão lhe pedir ajuda num contexto pessoal, mostrarão avidez para encontrar soluções, dando-lhe o máximo de informações. Flexibilidade e abertura aos sentimentos das outras pessoas são importantes.

ESTILOS DE COMUNICAÇÃO

Os italianos preferem trocar informações verbais a escrever ou ler memorandos, e-mails e documentos. Na comunicação com um colega italiano, será bem melhor telefonar do que escrever. Muitos executivos telefonam para dizer que vão escrever ou que já escreveram. De modo geral, a comunicação por escrito não deve ser deixada sem acompanhamento; ela precisa de suporte verbal. Quanto mais ao sul da Itália, mais isso é verdade.

Os italianos também gostam de falar, alongam-se nas retóricas e nas ideias, mas geralmente são mais sucintos nos fatos. Eles ainda podem ser muito assertivos e diretos e, nessas atitudes, talvez pareçam rudes ou que o estão dispensando. Um italiano mostra seu lado mais educado quando diz "não". É importante abrir espaço para outras possibilidades.

Ter boas habilidades de fala é importante, e a linguagem corporal é explorada para enfatizar os pontos de vista. Os italianos podem usar linguagem emotiva e intensa, e ser bastante imaginativos no modo como se expressam. Termos como "definitivamente", "fantástico" e "absolutamente" são muito utilizados para enfatizar um ponto de vista positivo.

As conversas sobrepostas ou conversações do tipo "pingue-pongue" são frequentes e podem ser feitas num volume meio alto. Falar sobre si próprio, sobre sua família e seu sucesso, além de revelar suas emoções, é visto como um meio de construir boas relações. São apreciados argumentos e debates eloquentes. Os italianos podem criticar suas próprias empresas na frente de estranhos e fazer piadas sobre intenções ou propostas. É comum haver acordos ou desacordos escancarados, embora feitos de maneira polida. A discordância raramente é definitiva, pois há sempre um método de resolver dificuldades. Os italianos pedem desculpas com frequência, mesmo para pequenas coisas. Isso é encarado como parte da cortesia.

Revelar o lado humano é o segredo para uma comunicação presencial bem-sucedida com italianos em uma situação de negócio. Ter boa capacidade de resposta, sorrir e mostrar interesse são atitudes importantes. Ajudar as pessoas com seus problemas e igualmente lhes contar os seus, assim que se estabelecer um relacionamento, é um comportamento valorizado. Isso se faz com contato visual e com um tom confiante. Faça perguntas para manter o nível de atenção e anote qualquer informação pessoal. Objetive aproximar-se das pessoas em particular.

Utilize linguagem corporal relaxada e tente sorrir. Estabelecer um relacionamento pessoal será mais apreciado do que focar no lucro e na vantagem econômica. Não seja excessivamente afirmativo, franco ou direto, pois essas características podem ser consideradas sinal de má-educação. Evite dar instruções muito detalhadas ou gabar-se, e mantenha uma atitude confiante e positiva. Evite criticar a Itália – os italianos podem criticar o país deles, mas você não.

FAZENDO CONTATOS

Os italianos preferem lidar com pessoas conhecidas. São mais abertos que, por exemplo, os franceses a "contatos com estranhos", mas precisam sentir que um novo contato é *raccomandato*, ou seja, recomendado por pessoas ou por servidores conhecidos ou reconhecidos, como um cliente, uma câmara de comércio, uma embaixada ou um contato pessoal feito em uma feira de negócios. O contato inicial pode se dar por meio de uma carta formal, que precisa ser seguida por ligações telefônicas e uma visita pessoal. Ainda que você escreva a uma empresa italiana em inglês, as de pequeno e de médio porte geralmente responderão em italiano. Talvez você precise dos serviços de um escritório de tradução, pois o italiano burocrático e comercial tem terminologia própria. Para evitar atrasos desnecessários, convém escrever a primeira carta em italiano.

Os patrões italianos, essencialmente em empresas familiares, talvez não falem uma língua estrangeira, e o funcionário que fala inglês pode ocupar um cargo relativamente inferior na cadeia. Um negociador italiano com mais idade, de modo geral, trará um intérprete, geralmente um assistente, que fala inglês com razoável fluência. Se isso ocorrer, lembre-se de dirigir a conversa ao seu interlocutor italiano, não ao assistente.

Não se esqueça de que os italianos valorizam muito o período de férias e de que a partir de meados de julho ao final de agosto todas as atividades no país sofrem uma desaceleração. Embora os italianos tenham um menor número de feriados nacionais do que muitos países latinos, cada cidade celebra seu próprio santo padroeiro e tem sua própria festividade local, época em que todas as empresas e lojas ficam fechadas.

HORÁRIO COMERCIAL

Há uma diferença entre o norte e o sul do país. O horário comercial no norte é das 8h30 às 12h45 e das 15 às 18 ou 18h30, de segunda a sexta-feira. Nas regiões central e sul, por causa do calor, o horário comercial é das 8h30 às 12h45 e das 16h30 ou 17 às 19h30 ou 20. Muitas empresas abrem aos sábados pela manhã, das 8h30 às 12h45. Um grande número de italianos mora a uma distância muito pequena do trabalho, quando o percurso é feito de carro, o que lhes permite almoçar em casa.

PREPARAÇÃO PARA A SUA VISITA

O setor dos negócios exige uma expressiva apresentação pessoal e social na Itália. É importante causar boa impressão (fazer uma *bella figura*).

Assegure-se de que as roupas que vai vestir sejam clássicas, mas estilosas, acompanhadas por sapatos de ótima qualidade. Para os italianos, roupas elegantes indicam sucesso nos negócios, e mesmo as casuais são chiques e modernas. As mulheres podem usar calças, mas, repito, estas devem ter um bom corte e muito estilo. Certifique-se de que a pasta e o relógio sejam elegantes. Uma boa caneta esferográfica chama a atenção, mas uma caneta suja chama ainda mais. Leve algumas fotografias da família, bem como os documentos comerciais necessários. Certifique-se de que os documentos estejam em pastas organizadas. Tudo isso ajuda na hora de criar uma impressão apropriada e elegante.

Os cartões comerciais italianos geralmente são impressos na cor preta simples sobre um fundo branco; como regra, quanto menos informações fornecem, mais importante é a pessoa.

Presentear as pessoas

É bastante comum dar um pequeno presente a qualquer membro de equipe que, particularmente, tenha sido prestativo. Assim, pense em levar alguns brindes corporativos modestos – despertadores de viagem, canetas, chaveiros de prata, agendas ou calculadoras. (Certifique-se de que sejam de marca, mas tenha cuidado para que isso não seja visto como uma estratégia grosseira de destacar o logotipo de sua empresa.)

Qualquer brinde "de empresa" que você receber provavelmente será elegante e discreto. Algumas organizações italianas têm livros e objetos de escritório de ótima qualidade. É muito importante aceitá-los sempre, independentemente do peso ou da inconveniência de levá-los para casa!

A PRIMEIRA REUNIÃO

Para os italianos, é importante manter conversas triviais. As pessoas vão querer lhe perguntar sobre sua família e sua formação. Esse é, em parte, um modo de criar raízes e confirmar que você tem interesse em fazer com que o negócio dê certo, pois você tem suas próprias responsabilidades sociais.

Se você chega durante a noite, e seus anfitriões o esperam, eles podem convidá-lo para um jantar. Não importa o quanto você esteja cansado, deve aceitar. A experiência será bem-vista e relaxante, e, se recusá-la, poderá ofendê-los, começando mal suas negociações.

Não seja informal. Os italianos são relativamente formais no escritório e podem se dirigir às pessoas segundo suas funções, como *dottore* (doutor) ou *dottoressa* (doutora) para um(a) professor(a) universitário(a) ou médico(a), *avoccato* (advogado) ou *ingegnere* (engenheiro). As terminações de gênero são utilizadas; assim, o feminino de *avoccato* é *avoccata* (advogada), o de *ingegnere* é *ingegnera* (engenheira) etc. Os italianos também preferem usar o sobrenome no ambiente corporativo. Dessa forma, a pessoa que chama a outra de Charles em casa pode chamá-la de Smith no trabalho. Em sociedades que tendem a considerar a utilização de sobrenomes como distanciamento, essa forma de abordagem, geralmente sem "senhor" ou "senhora", pode parecer um tanto grosseira. De fato, ela é só uma tradução incorreta de uma prática italiana. Os gestores estrangeiros mais jovens se adaptam com relativa simplicidade aos nomes propriamente ditos.

Na qualidade de convidado, você normalmente será apresentado primeiro, e as pessoas com mais idade ou experiência mostrarão deferência. Aperte a mão de todos na sala quando chegar, bem como quando sair.

Sua primeira reunião talvez não entre em muitos detalhes. O interlocutor italiano vai estar interessado na empresa em que atua e em sua formação profissional. Igualmente, ele lhe contará sobre a dele. Como vimos, tudo na Itália se resume a criar relacionamentos, e essa etapa pode ser seguida de um almoço ou, pelo menos, de um *panino* (lanche feito num pão redondo).

No sul, é importante conceder mais tempo para as visitas de negócios. Você fará o dobro de reuniões em Milão, se compararmos àquelas feitas em Roma ou em Nápoles. Em Milão, considere, digamos, três reuniões por dia e um compromisso à noite; em Roma, duas reuniões e um compromisso à noite; e em Nápoles ou Palermo, dependendo de quem você está contatando, considere duas reuniões durante o dia. Encontros de negócios durante o café da manhã ainda não "pegaram" na Itália.

FAZENDO APRESENTAÇÕES
Na Itália, uma palestra ou apresentação formal deve durar cerca de trinta minutos, com tempo para perguntas e discussões no final. Os presentes esperam ser persuadidos e apreciam uma venda de

ideias e produtos de moderada a forte. O êxito da apresentação depende em grande medida das habilidades do orador, e o uso de materiais de boa qualidade também influencia. Deve ser utilizada, principalmente no início, uma linguagem formal, mas ela pode ser gradativamente substituída por uma mais informal.

Recursos visuais, como vídeos ou fotografias, são apreciados e devem ser agradáveis do ponto de vista estético, bem como do informativo. É necessário exercer intenso contato visual, e seu ritmo deve ser enérgico.

Os ouvintes italianos estão interessados na personalidade e no estilo do orador. Durante uma apresentação, ficar imóvel é menos apreciado do que utilizar a linguagem corporal. As pessoas podem interromper sua fala para pedir esclarecimentos, mas deixe as perguntas e os comentários para o final.

Ao apresentar sua empresa e seu produto, descubra no que os ouvintes estão interessados, preste atenção nos detalhes pessoais e incorpore-os à sua apresentação. Mostre interesse neles, e eles lhe darão retorno.

REUNIÕES E HABILIDADES DE NEGOCIAÇÃO
O principal objetivo da maioria das reuniões é comunicar decisões ou discutir temas e examinar

questões. Algumas discussões podem mirar o alcance de boas relações pessoais no interesse de uma parceria de longo prazo. Os italianos buscam lucro de longo prazo em vez de ganho no curto prazo. As reuniões normalmente terão início com alguns minutos de conversas amenas (no sul, essas preliminares podem durar de vinte a trinta minutos).

As reuniões raramente têm estrutura formal. A ideia é que todos tenham oportunidade de expressar seus pontos de vista. As pessoas podem eventualmente falar ao mesmo tempo, conduzir pequenas conversas com as mais próximas ou fazer ligações telefônicas no recinto. Isso não é sinal de grosseria. Contorne a situação e não se incomode.

Ainda que haja uma agenda, não é necessário abordar cada ponto sequencialmente nem que as pessoas retornem a itens levantados no início.

Agendas, ações pontuais, prazos, próximas etapas e minutas não são considerados seriamente na maior parte das organizações italianas, pois a decisão será tomada por pessoas que podem nem mesmo estar presentes.

As negociações podem ser finalizadas meio rapidamente, mas os negociadores italianos são também muito pacientes, podem ser detalhistas e é provável que não se apressem para atingir seus objetivos. A abordagem que adotam pode ser bastante sutil. Eles gostam de resultados em que todos saiam ganhando e podem assumir uma atividade secundária se não conseguirem o principal contrato que estavam buscando. Estabelecer uma relação contratual é o caminho para um relacionamento mais completo e satisfatório.

Os italianos podem chegar rapidamente a um aparente acordo, mas, em seguida, levar muito tempo para a discussão dos detalhes, o que talvez mude substancialmente a natureza do contrato. As discussões, embora intensas, são conduzidas de modo agradável, e os italianos podem se sentir muito confortáveis especialmente se forem envolvidas questões pessoais.

Um aviso: ainda que seja importante exprimir otimismo e não quebrar o entusiasmo do parceiro com quem está negociando, tente separar fatos de especulação e verifique se seus equivalentes italianos não estão prometendo mais do que podem cumprir. Um bom método de fazer isso é anotar para que seja possível conferir mais tarde. Também pode ser útil resumir, periodicamente, os fatos que levaram ao acordo.

Ouça sempre cuidadosamente os conselhos de seus parceiros italianos e respeite o *know-how* deles. Eles entendem a Itália muito mais do que você e também têm boa experiência em mercados globais.

DIVERSÃO NOS NEGÓCIOS

Os italianos apreciam conhecer pessoalmente seus parceiros, e isso acontece durante refeições longas e relaxantes.

De modo geral, eles não gostam de concluir negócios sem um almoço, jantar, ou, no mínimo, um *panino* para "selar" o relacionamento, e são muito bons em escolher o restaurante, a comida ou o vinho apropriados. A diversão se dará de maneira geralmente mais ou menos formal, ou formal, em um bom restaurante, com uma excelente comida e um ótimo vinho. O traje deve ser fino ou casual, mas sempre elegante, com acessórios que combinem. As conversas podem girar em torno dos negócios de modo geral, mas possivelmente migrarão para artes, história ou cultura regional. Evite alguns assuntos, como Segunda Guerra Mundial, política, corrupção e Máfia. É normal manter as mãos sobre a mesa enquanto não estiver comendo e também se comportar da forma mais charmosa possível.

Lembre que, ao se encontrarem pela primeira vez num ambiente de negócios, as pessoas vão se apresentar com seus sobrenomes, não com o nome da empresa ou com a posição que ocupam nela, o que poderia ser considerado um comportamento inadequado ou mesmo grosseiro. Não use apenas os nomes até que seja estimulado a fazê-lo. De modo geral, os convidados deixam a mesa quando estão preparados para ir embora; é falta de educação o anfitrião encerrar a refeição. No sul, o hóspede geralmente arranja transporte aos convidados para que eles se desloquem até suas casas.

Se você foi convidado para ir à casa de um italiano, aplicam-se as mesmas regras. Espera-se que você leve algum presente (talvez flores ou chocolates embrulhados em bons papéis de presente). Tenha cuidado ao presentear com vinho, a menos que seja de ótima qualidade, pois muitos italianos são conhecedores e podem até cultivar suas próprias vinhas. Licores, iguarias finas e artesanatos de seu próprio país são presentes apropriados; uísque e licor geralmente também são bem-vindos.

O talento italiano em relação ao entretenimento pode ser um problema se você estiver retribuindo o favor. Se está convidando um conhecido do meio empresarial enquanto está na Itália, é uma boa ideia pedir à secretária dele que recomende um restaurante, como forma de respeitar seu convidado no tocante à escolha da comida e do vinho. Isso será considerado um elogio.

Se você estiver em seu próprio país entretendo seu convidado, descobrirá que a maior parte dos italianos prefere degustar comida italiana; assim, procure pelo restaurante italiano mais tradicional. Seu convidado também pode conhecer um maravilhoso restaurante (cujo dono talvez seja parente dele), do qual você nunca ouviu falar, mas que serve uma comida deliciosa. Só lhe resta pagar a conta.

Capítulo **Nove**

COMUNICAÇÃO

HABILIDADES LINGUÍSTICAS

A Itália é um país de comunicadores, mas nem sempre eles são bons em inglês. Embora, no curso fundamental, tenham tido aulas do idioma, muitos italianos (particularmente os mais velhos) não são fluentes na língua inglesa. Para os que são, falam com um sotaque bastante acentuado, com as vogais musicalmente pronunciadas, estendendo o comprimento das palavras e sentenças. É importante deixar de acreditar que todos vão entender inglês. Há dois modos de lidar com isso: um, fazendo concessões com o seu inglês; o outro, aprendendo um pouco de italiano. Ambas as abordagens devem ser adotadas.

Utilizando o inglês

Falar inglês claramente não é uma questão de desacelerar a fala; trata-se mais de deixar pausas de modo que seu interlocutor possa entendê-lo. Assim, fale um pouco mais lenta e claramente do que faria normalmente, mas deixe uma breve lacuna (um mero compasso resolve) entre as sentenças para possibilitar um respiro na conversação.

Depois, evite expressões idiomáticas ou gírias. E, se você for usar acrônimos, soletre-os na primeira vez que utilizá-los, pois provavelmente serão diferentes na Itália.

Finalmente, fica mais claro se você utilizar sentenças mais breves, preferindo, se possível, a voz ativa ("Eu fiz") à voz passiva ("Foi feito").

Aprenda um pouco de italiano

Muitas universidades e escolas de idiomas privadas italianas oferecem cursos rápidos de italiano para estrangeiros com duas a três semanas de duração. Os cursos abordam tanto a língua como a cultura italianas, e vão desde a história etrusca até a literatura e as artes contemporâneas da Itália. Florença tem cerca de 25 escolas de idiomas que ensinam italiano, e há duas instituições financiadas pelo Estado – a *Università Italiana per Stranieri*, em Perúgia, e a *Scuola Lingue e Cultura per Stranieri*, em Siena. Há disponibilidade de bolsas de estudo, e vale a pena pedir informações no consulado italiano ou no Instituto Cultural Italiano. As cidades de Perúgia e Siena têm cursos durante o ano inteiro, assim como as escolas de idiomas privadas. As universidades geralmente só oferecem cursos durante as férias de verão.

A MÍDIA
Jornais e revistas

Os italianos não são leitores ávidos de jornais, e o número de leitores é maior no norte do que no sul do país. Os jornais têm publicação regional, mas alguns também circulam nacionalmente. Todos eles têm inclinações políticas e é útil conhecê-las.

> Os jornais italianos de maior circulação são: o *Reppublica*, editado em Roma, com orientação de centro-esquerda; o *Corrieri della Sera*, com sede em Milão, com orientação de centro-direita, além de ter uma seção em inglês; e o *Italy Daily*, com orientação mais de centro. O *L'Unità*, jornal da linha comunista italiana, também é influente, embora com um número muito menor de leitores. Também são importantes vários jornais regionais, como o *La Nazione* (Florença), *La Stampa* (Turim), *Il Tempo* e *Il Messaggero* (Roma), *Il Secolo XIX* (Gênova) e *La Sicilia* (Catânia). A principal revista italiana de notícias é a *L'Espresso*.

A Itália não possui jornais (tabloides) de qualidade inferior, mas os especializados em esportes, *Corriere dello Sport* e *La Gazzetta dello Sport*, têm grande número de leitores. Revistas de fofocas, como a *Oggi* e a *Gente*, são muito populares. Nelas, você encontra fotos dos *paparazzi*.

Nas grandes cidades, é possível encontrar diversas revistas em inglês. Você pode comprar a *Time Out Rome* (mensal), *Where Rome* (mensal) ou *A Guest in Milan* (mensal) em seu hotel, embora se esgotem logo nas primeiras horas do dia.

Bancas de jornal são meio raras na Itália. Em vez delas, você encontra quiosques (*edicole*) oficiais por todas as cidades. Nesses locais, os italianos compram revistas populares semanais com encartes de CD-ROMs ou vídeos sobre qualquer assunto.

A imprensa internacional está bem representada no país. O *New York Herald Tribune* é um dos jornais mais famosos. *The Economist*, revista britânica de periodicidade semanal, também tem um bom público de leitores.

Rádio e TV

A rádio italiana tem uma audiência de 35 milhões de pessoas. Desde sua desregulamentação, em 1976, o número de estações cresceu para cerca de 2.500. A rádio estatal, Rai, administra três estações, duas das quais transmitem música suave e pop, enquanto a outra (Rádio 3) transmite programas de debates e música clássica. Para ouvir música italiana e internacional em estações comerciais, tente a Radio Italia, a Radio Globo ou a Radio DJ.

Para ouvir rádio em inglês, o BBC World Service transmite programas para a Itália. Também é disponibilizada uma revista radiofônica, *On Air*, em onairmagazine@bbc.co.uk. Se você tem acesso à TV via satélite na Itália, é possível receber os sinais da BBC 1, 2, 3 e 4, bem como da Radio Canada, Radio Australia e Voice of America. Para acessar os programas da BBC online, visite o www.bbc.co.uk.

Televisão

Depois dos portugueses e dos britânicos, os italianos veem mais TV do que qualquer outro povo europeu (em média, cerca de quatro horas por dia). Pesquisas sugerem que 90% dos italianos assistem ao menos a um programa de TV todos os dias, e a maioria toma conhecimento das notícias pela televisão.

Há um número reduzido de TVs a cabo na Itália (em certas localidades, nem há), mas o país tem ampla utilização de TVs via satélite, a partir do satélite Astra. Programas importados são dublados para o italiano. Programas violentos ou de sexo explícito não podem ser exibidos entre 7 e 22h30 – os italianos foram os pioneiros a usar o "chip de violência", que restringe o acesso de crianças a programas violentos.

Até 1976, todas as estações eram estatais e censuradas pela Igreja. No entanto, desde a desregulamentação, a Itália adquiriu seis estações principais e centenas de estações locais. Dessas seis principais, três são operadas pelo Estado: Rai 1, Rai 2 e Rai 3. Os canais estatais comandam cerca da metade da audiência regular de espectadores.

As três principais estações comerciais – Italia 1, Rete 4 e Canale 5 – são de propriedade de Silvio Berlusconi, graças à sua empresa MediaSet, e comandam cerca de 50% da audiência total.

Os 10% remanescentes da audiência assistem a programas exibidos por cerca de novecentas estações regionais de TV.

A TV italiana não se destaca pela qualidade de sua programação. A questão essencial, no entanto, é que em um país onde a TV é o principal meio de formação de opinião, todo o setor privado é de propriedade de uma única pessoa, que, por sinal, também é líder de um partido político.

TV via satélite

A TV paga é bastante difundida na Itália, com mais de um milhão de assinantes. A vantagem das TVs pagas e via satélite é que elas oferecem um acesso muito mais amplo a programas em língua inglesa. A opção *doppio* do menu permite a você escutar a trilha sonora dos filmes em inglês. Também é possível assistir à BBC World TV e a outras estações em língua inglesa, como a CNN.

Sistemas de TV

Os vídeos produzidos nos padrões PAL, NTSC e SECAM não funcionam na Itália, que usa o sistema PAL-BG. É melhor não importar nenhuma TV ou videocassete para o país, mas comprar localmente um sistema multipadrão. A Itália pertence à área de DVDs da zona 2, de modo que DVDs de outras zonas podem ser vistos somente em aparelhos multipadrão.

TELEFONIA

A empresa telefônica estatal italiana é a Telecom Italia, mas há outros provedores atualmente no mercado, sobretudo a Tiscali e a Wind. Todas as cidades mais importantes têm uma filial da Telecom Italia, que é responsável pela instalação e manutenção das linhas telefônicas. A empresa também funciona como o principal ponto de chamada se você deseja uma nova linha ou alterou o nome do assinante, mas o aparelho em si pode ser fornecido por outra empresa.

Códigos de discagem

Na maioria dos países, os códigos de área começam com 0, mas, quando você disca do exterior, omite esse número. Na Itália, o sistema é diferente. Assim, se você está ligando para um número em Florença, por exemplo, que é 00 39 (0) 55..., deverá discar 00 39 055, seguido pelo número do assinante. Se você se esquecer disso, uma mensagem gravada o lembrará, mas apenas em italiano.

Todas as chamadas, inclusive as locais dentro da área a partir da qual você está ligando, exigem que se entre com o código de área. Ligar para o exterior é muito mais simples: basta discar 00 e o código do país.

Muitos italianos têm telefones celulares. Para ligar para um celular, você deve sempre discar o código de área antes do número propriamente, mesmo que esteja na mesma área.

Respondendo às chamadas

A Itália tem um cumprimento universal para responder às chamadas telefônicas: *Pronto* (Alô). Se você ouvir a mensagem de uma secretária eletrônica, provavelmente será algo do tipo "Não estamos no momento". Nenhum italiano vai lhe informar que está de férias há três semanas, pois essa resposta seria considerada um convite para os ladrões.

Utilizando telefones públicos

Isso pode ser complicado, pois os telefones públicos para ligações a cobrar estão frequentemente fora de serviço. Você vai precisar comprar um cartão telefônico (*carta/scheda/tessera telefonica*) em qualquer tabacaria (corte primeiramente o canto marcado).

Se você necessita de informações sobre uma linha telefônica, dirija-se às inúmeras centrais telefônicas espalhadas pelas cidades. Nas áreas rurais, alguns bares ou restaurantes talvez ainda tenham um *telefono a scatti* (telefone por pontos), que registra o número de unidades de cada chamada. O *barman* faz a ligação para você, que paga a ele as unidades usadas.

No campo, algumas casas exibem um símbolo telefônico que indica que elas estão autorizadas a funcionar como provedores de serviços telefônicos públicos.

Encontrando números telefônicos

A Telecom Italia publica listas em dois formatos, *pagine bianche* (páginas brancas) para números pessoais, e *pagine gialle* (páginas amarelas) para empresas. Também é possível acessar essas listas na internet, nos endereços www.paginegialle.it e www.paginebianche.it.

Há, ainda, um serviço de páginas amarelas em inglês, disponível nas maiores cidades, no www.englishyellowpages.it. Para pedir um número nessas páginas, pode-se discar 12, mas o procedimento é automatizado e você tem de esperar por uma voz humana. Não há serviços desse tipo em inglês.

Emergências

O número de emergência geral na Itália é 113. Os operadores locais atendem somente em italiano, mas existe um serviço de tradução para o inglês no 170.

O SERVIÇO POSTAL

A PT (*Poste e Telecomunicazioni*) é uma empresa de responsabilidade limitada com participação governamental de 75%. Tradicionalmente, o serviço postal da Itália é bastante duvidoso, e a maioria dos italianos prefere utilizar a postagem registrada (*posta raccomandata*) ou um serviço de entrega privado para tudo que for importante. O serviço postal mais confiável é o do Vaticano, em Roma, que envia todas suas correspondências internacionais da Suíça. Dessa forma, é possível encontrar selos interessantes do Vaticano e, também, uma entrega segura! Todos os principais serviços de entrega de encomendas têm agências nas principais cidades.

O país tem um serviço postal comum (*posta ordinaria*) e um serviço prioritário (*posta prioritaria*). Esse último garante entrega no interior do país no dia útil seguinte, e em três ou quatro dias na UE. Você precisa de um selo dourado de prioridade e de uma fita adesiva especial para entregas no exterior. Há também um serviço expresso, *Postacelere,* disponível nas principais unidades dos correios. Para envios importantes, certifique-se de obter um recibo de postagem.

Cartões-postais e cartas (se chegarem) demorarão de três a sete dias na própria Itália, e de quatro a dez dias na Europa. Calcule pelo menos uma semana para cartas via aérea para a América do Norte; para a Austrália e a Nova Zelândia, duas semanas.

O melhor lugar para comprar selos é em *tabacchi* (tabacarias), marcadas com um T preto. Os *francobolli* (selos) são vendidos avulsos, não em cartelas. A cor de identificação oficial das unidades dos correios é vermelha, embora a documentação seja geralmente feita em azul. Há normalmente uma coleta por dia.

Os correios costumam ficar lotados e têm diferentes guichês para diferentes serviços; portanto, tenha certeza de que está na fila correta. Essas unidades lidam com telegramas, fax, telex, câmbio, transferências de dinheiro, pagamentos de contas de serviços públicos, taxas rodoviárias e licenças de TV. É possível comprar o *bollo* para o carro nessas unidades. Elas também pagam pensões do Estado e comercializam bilhetes de loteria. A menos que seu negócio precise mesmo do correio ou você tenha bastante tempo livre, é melhor comprar os selos numa tabacaria e postar os envelopes numa caixa dos correios. As principais unidades dos correios abrem todos os dias da semana, mas fecham às 13 horas aos sábados.

Envio de correspondência na Itália

Os endereços italianos têm um código postal, ou CAP (*Codice di Avviamento Postale*), de cinco dígitos. É importante indicá-lo corretamente para garantir a entrega da correspondência. Podem-se encontrar detalhes sobre o código postal em www. poste.it. A seguir, apresenta-se o modo normal de subscrever uma correspondência na Itália:

> Maggiore Paolo
> (sobrenome seguido pelo nome)
> Via Marghera, 2
> 1-10234 Torino
> Italia

CONVERSAZIONE (CONVERSAÇÃO)

Até aqui, abordamos a comunicação eletrônica, mas a comunicação que efetivamente importa aos italianos é a presencial. A *conversazione* originalmente significa associar-se aos outros, e é aí que esse povo se supera. Eles farão qualquer esforço para atraí-lo para uma conversa, e qualquer cidade tem sua praça, que é essencialmente o local predestinado para as pessoas conversarem. *Stare insieme* (reunir-se) é importante para os italianos, pois lhes dá a chance de expressar suas queixas, exprimir seus sentimentos e atenuar suas súbitas manifestações de eloquência.

Até na praia, onde muitas pessoas caminhariam quilômetros para encontrar um local isolado, os italianos se amontoam em espreguiçadeiras dispostas lado a lado, numa política de boa vizinhança.

Um novo local para conversar é fornecido pelos programas de entrevistas da TV, que têm audiência espetacular e estendem-se por várias horas.

Linguagem corporal

Um modo divertido de passar o tempo é sentar-se em um café e observar os italianos falando. Eles usam as mãos, e suas gesticulações podem ser muito expressivas, particularmente em Nápoles e no sul. Uma pessoa que esteja expressando desacordo pode bater os dedos na ponta da testa, com a mão fechada e, em seguida, empurrá-los para frente. Em jogos de futebol, é possível ver pessoas apontando para o juiz com o dedo indicador e o mínimo pronunciados, enquanto os outros dedos permanecem retraídos, com o punho fechado. Esse gesto indica que os espectadores discordam do juiz. Se a palma da mão é virada para cima no mesmo gesto, então estão gritando algo obsceno para o juiz.

Cumprimentos e formas de abordagem

Apesar de seu charme e abertura, a Itália é uma sociedade relativamente formal. Os italianos usam o "você" formal (*lei*) e o "você" informal (*tu*). Você deve manter os termos formais até que seja estimulado a usar os nomes próprios, embora isso não se aplique quando estiver com crianças, adolescentes ou jovens adultos, ou em um ambiente informal. Na condição de convidado, você sempre será apresentado primeiro.

O aperto de mãos é uma questão física. As mãos devem ser apertadas afetuosamente e podem tocar-lhe o braço. Amigos e parentes homens geralmente se abraçam ou dão tapinhas uns nas costas dos outros como forma de se cumprimentarem, e as mulheres (e, eventualmente, os homens) se beijam em ambas as faces. Em eventos de maior porte, recomenda-se aproximar-se de uma pessoa, apertar as mão dela e se apresentar.

Assuntos das conversas

A maioria dos italianos é composta de pessoas extremamente cultas, que vão ficar felizes em conversar sobre arte, arquitetura e monumentos, particularmente de sua região preferida. A gastronomia e os vinhos locais são assuntos populares, e é muito importante conhecer os esportes. Não aborde o futebol como assunto leve, pois ele é considerado sério por muitos italianos. Outros temas favoritos para conversas são família, paisagem local, férias e filmes.

Como já mencionamos, embora os italianos geralmente sejam críticos em relação ao que acontece no país, eles não apreciam quando estrangeiros os criticam. Religião, política e a Segunda Guerra Mundial são temas sensíveis, e piadas de sexo explícito não são usualmente contadas quando há mulheres no grupo.

QUESTÕES DE GÊNERO

O lado negativo da "Itália romântica" tem sido sempre a impressão de que as mulheres estrangeiras são "estigmatizadas". De fato, as mulheres italianas normalmente têm criação mais rígida, e os homens vivem na casa dos pais mais tempo que seus equivalentes em outros países. No norte, é aceitável (embora ainda raro) que uma mulher coma sozinha num restaurante. No sul, no entanto, as pessoas estão menos acostumadas a essa ideia, e a mulher pode atrair uma atenção não desejada. Um modo de mostrar que você não quer ser importunada é manter-se trabalhando ou atenta a qualquer tipo de leitura em sua mesa.

CONCLUSÃO

A Itália, como vimos, é uma terra de contradições, que combina a conformidade e a anarquia, a burocracia e a evasão, uma extrema riqueza e uma grande pobreza, o escândalo e a religião. Um escritor comparou a aparência resplandecente italiana com seu "coração sombrio".

Todavia, o que mantém a Itália e seu povo vivos é a convicção de que a única lealdade que interessa é a da família e a dos amigos íntimos, e que com o tempo e o entendimento tudo pode ser resolvido. Trata-se apenas de uma questão de encontrar o caminho. Essa fluidez torna a vida na Itália excepcionalmente atrativa, até sedutora, para os estrangeiros, embora para os moradores e para as pessoas de negócios isso possa ser frustrante.

A Itália moderna enfrenta desemprego, imigração (particularmente dos Bálcãs), poluição ambiental, aumento dos custos de moradias, do número de crimes e o fracasso social da reforma econômica. Por outro lado, o país superou o extremismo político e atingiu um bom nível de estabilidade do governo, além de ser um dos principais apoiadores e beneficiários da UE e do euro.

A Itália tem uma das economias mais fortes do mundo, o berço da autenticidade e da criatividade na gastronomia, no desenho de moda e na indústria automotiva. Os italianos são um povo amável, inventivo e vigoroso, cujo aporte para a civilização ocidental não pode ser omitido, contribuindo enormemente para a alegria das outras nações.

Leitura recomendada

História, política e sociedade
BARZINI, Luigi. *The Italians*. Londres: Penguin Books, 1983.

GINSBORG, Paul. *Italy and its Discontents*. Londres: Penguin Books, 2003.

JONES, Tobias. *The Dark Heart of Italy*. Londres: Faber and Faber, 2003.

KEATES, Jonathan. *The Rough Guide: History of Italy*. Londres: Penguin Books, 2003.

LINTNER, Valerio. *A Traveller's History of Italy*. Londres: Windrush Press/ Cassell, 2001.

RICHARDS, Charles. *The New Italians*. Londres: Penguin Books, 1994.

Guias
BELFORD, Ros et al. *The Rough Guide to Italy*. Londres: Rough Guides, 2003.

SIMONIS, D.; ADAMS, F.; RODDIS, M.; WEBB, S. e WILLIAMS, N. *Lonely Planet Italy*. Londres: Lonely Planet, 2003.

STREIFFERT, Anna. *Eyewitness Guide to Italy*. Londres: Dorling Kindersley, 2003.

Vivendo na Itália
CHESTERS, Graeme (org.). *Living and Working in Italy*. Londres: Survival Books, 2003.

HINTON, Amanda. *Living and Working in Italy*. Oxford: How to Books, 2003.

MORRISON, Terri; CONAWAY, Wayne A. e BORDEN, George A. *Kiss, Bow or Shake Hands: How to Do Business in Sixty Countries*. Avon, Massachusetts: Adams Media Corporation, 1994.

PARKS, Tim. *A Season with Verona*. Londres: Vintage Books, 2003.

_____. *Meus vizinhos italianos*. São Paulo: Publifolha, 2003.

_____. *Uma educação à italiana*. São Paulo: Publifolha, 2003.

Língua
In-Flight Italian. Nova York: Living Language, 2001.

Fodor´s Italian for Travelers (pacote com CD). Nova York: Living Language, 2005.

Índice remissivo

Acomodação (moradia), 83-86, 164
Alimentos, *Ver* Comer e beber
Alpes, 13, 14, 20
Aparências, 47, 48-9
Apelidos, 8, 50-51
Apeninos, 13
Apresentações, 145-46
Ato de presentear, 77-78, 143, 149

Balsas, 125
Bancos, 89, 90-91
Bares e vida noturna, 78-79
Bari, 10
Barulho, 49-50
Basílica de São Pedro, 18, 19
Bater com a ponta dos dedos, 97
Bebidas, 96, 98-101
Berlusconi, Silvio, 40-43, 50-51
Bolli (selos de postagem estatais),
    112-13
Bolonha, 10, 20, 42
    Universidade de, 27
Borsa (Bolsa de Valores), 19
Brindisi, 12
Burocracia, 54-55, 80

Campanilismo (patriotismo local),
    52-54, 56-57, 64
Camping, 102-3
Capela Sistina, Vaticano, 18, 19, 106
Capri, 20
Carnevale (Carnaval), 65
Cartões comerciais (de negócios),
    142-43
Cartões de crédito, 88, 89-90
Casamento, 83
Catânia, 10
Catolicismo, 58,68-69
Cidades, 10, 16
Cinema, 109
Ciúme, 76
Clima, 10,13-14
Clubes sociais, 78
Comer e beber, 94-101
    beber, 98-99
    cultura gastronômica, 95-98
    diversão nos negócios, 149
    ficar de pé ou sentar?, 99
Companhias, 128-30
Composição étnica, 10

Compras, 86-88
Compromisso, 75-76
Comunidade local, 73-75
Comunismo, 35, 41, 42
Congregação da Doutrina da Fé, 18
Conversazione (conversação), 160-63
    cumprimentos e formas de
        abordagem, 162
    linguagem corporal, 140, 161
    tópicos das conversas, 162-3
Convites, 77
Córsega, 12
Cúria (Colegiado dos Cardeais)
    Vaticano 19

Desemprego, 82, 164
Dia da República, 63
Dia da Vitória, 62
Dia de Ano-Novo, 60-61
Dia de Todos os Santos, 62-63
Dia do Trabalho, 62
Dias santos, 66-67
Dinheiro e operações bancárias, 88-91
Dirigir (carro), 117-25
Diversão nos negócios, 148-49
Dolomitas, 13

Educação (ensino), 81-82
Eletricidade, 11
Emigração, 15, 53
Emília-Romanha, 20, 42
Emprego, 82-83
Epifania, 61
Eritreia, 34
Esterofilia, 72
Estilo, 8-9, 48-49
Estilos de comunicação, 138-40

Família, 44-45, 58, 75, 164
Fascismo, 34-37, 41
Fazendo contatos, 140-41
Feedback, 138
Fellini, Federico, 68, 109
Feriados locais, 64-66
Feriados nacionais, 59-141
Férias anuais, 63-64
Festividades, 60-63, 105, 108-9
Fiume, Croácia, 35
Florença, 10, 14, 21, 29, 105, 106, 118
Força Itália, 40, 41

Furbo (esperteza), 55-56
Futebol, 9, 19, 43, 54, 103-104, 162

Galerias de arte, 106
Garbo (graciosidade), 51-52
Gênova, 10, 20
Geografia, 12-13
Gorizia, 10
Governo, 10, 41-42
Gramsci, Antonio, 75-76
Guarda Suíça, 17

Habilidades de negociação, 147-48
Herculano, 20, 107
História, 21-41
    anos fascistas, 35-37
    ascensão de Roma, 23-24
    cidades-estado, 22, 26-27, 31
    domínio francês, 30-31
    Império Romano, 24-25
    invasões, 29-30
    Itália pós-guerra, 38-41
    Marcha sobre Roma, 34-35
    pré-história, 22-23
    queda do Império e ascensão da
        Igreja, 25-26
    Renascimento italiano, 27-29
    unificação da Itália, 31-34
Horário do expediente, 141-42

Idioma (língua), 8, 10, 25, 28, 50, 150-51
    da gestão, 137-38
Igreja Católica Romana, 17, 26, 46-47,
    51, 56, 58, 82
Igreja, comportamento na, 68-69,
    101, 106
Ilhas Dodecanesas, 34
Imaculada Conceição, 63
Imigração, 15, 164
Império Romano, 23, 24-26
Inquisição, 18, 29
Ischia, 20

Jornais e revistas, 151-53

Levi, Carlo, 53
Líbia, 34
Liderança, 131-34
Liga Norte, 40
Lombardia, 16, 19, 26, 31, 43

Máfia, 40, 44
Marche, 42
Metropolitana, 115-16
Mezzogiorno, 43
Mídia, 11, 151-55
Milão, 10, 13-14, 19, 29, 30, 31, 34, 38,
    40, 43, 87
Moda, 9, 21, 48, 164
Modena, 32
Moeda, 10
Monte Vesúvio, 20, 107
Monumentos, 8, 106-7
Motivação, 137
Mulheres, 15
Museus, 105-6
Música, 108-9

Nápoles, 10, 14, 20, 29, 30, 32, 33, 37,
    106, 118
Nascimento, 80-81
Natal, 60
Nome oficial, 10

Ônibus, 116
Ônibus de excursão, 116
Operação *Mani Pulite* (Mãos
    Limpas), 40-41
Ordem e hierarquia, 50-51

Pádua, 106
Palermo, 10, 20, 106
Palio, 65-66, 105
Papa, o, 17, 18, 19, 26, 30, 32, 33, 36,
    46, 47
Parma, 32, 64
Páscoa, 61,62
Pequenas empresas, 127-28
Piazza ("praça"), 53, 78
Piemonte, 20, 32
Pio, padre 67-68
Pisa, 106
Planejamento, 131
Poder, 76-77
Polícia, 120
    registro na, 111-12
Política, 42-43, 163
Pompeia, 20, 107
População, 10, 15
Pré-história, 22-23

Questões de gênero, 163

Rádio, 153
Recomendação, 52
Rede de autopistas (*autostrada*), 12
Regiões/capitais regionais, 16
Relacionamentos, 52-53, 56, 75-76
Relações trabalhistas, 130-31
Religião, 10, 18, 46-47, 163
Residência, 113
Reuniões, 146-47
    primeira, 143-45
Roma, 10, 12, 14, 18, 19, 23-27, 30,
    33, 36, 57, 64, 87, 105, 106, 107,
    109, 118
Roupas, 68, 101, 106, 142, 148

San Marino, República de, 16-17
Santos, 67-68
    dias santos, 59, 64
Sardenha, 12, 32-33
Saúde, 91-93
Savoia, 38
Sentimentos e emoções, 45-46
Serviço militar, 82
Serviço postal, 158-60
Serviço público, 55, 83
Setor público, 127
Sicília, 12, 13, 20, 29, 37, 40, 53, 62
Siena, 65-66, 105, 106
Spas, 93
Superstição, 69-71

Táxis, 116-17
Telefone, 11, 156-58
Televisão, 154-55
Tempo, 11
Timing, 73
Tirol do Sul, 34
Tolerância, 47-48
Tomada de decisões, 135
Toscana, 21, 23, 42, 118
Trabalho em equipe, 135-37
Trens, 114-15
Trentino, 34
Trento, 10
Trieste, 10, 34
Turim, 10, 14, 20, 33
Turismo, 14, 104

Umbria, 118
União Monetária Europeia, 41

Vaticano, 16-19, 30, 33, 58, 106
Vêneto, 21
Veneza, 10, 14, 21, 29, 30, 57, 65, 105,
    106, 109, 118
Viagem aérea, 111
Vida ao ar livre, 101-3
Vida econômica, 43
Vídeo/TV, 11